Wondratsch

Selbstporträt mit kleinen Sonnen

Foto: Roman Picha

Irene Wondratsch ist in St. Pölten, Niederösterreich, geboren und lebt in Wien. Sie studierte Germanistik und Geschichte und absolvierte Ausbildungen in Fremdsprachendidaktik und Schreibpädagogik. Als Autorin publizierte sie Kurzgeschichten und Erzählungen in Anthologien, Literaturzeitschriften und im Rundfunk. 2002 erschien ihr Roman »Paris im Fieber wäre mir lieber«, 2006 »Ein Haus eine Spur ein Roman«, beide in der »Edition die Donau hinunter«. Für den Oktober Verlag veröffentlichte sie 2008 Beiträge in »Lippenstift und Notfalltropfen. Ein Handtaschenbuch« und 2012 »Schon wieder einer tot. Kurzkrimis mit Rezepten«. 2013 erschien »Ooleslef. Wenn der Ausdruck nicht den Erwartungen entspricht«, Kurzprosa zu abgebildeten Fehldrucken, im Sisyphus Verlag.

Irene Wondratsch

Selbstporträt mit kleinen Sonnen

Haftungsausschluss: Die Rezepte dieses Buchs wurden von Verlag und Herausgeber sorgfältig erwogen und geprüft. Dennoch kann eine Garantie nicht übernommen werden. Die Haftung des Verlags bzw. des Herausgebers für Personen-, Sach- und Vermögensschäden ist ausgeschlossen.

Am Hawerkamp 31, 48155 Münster
www.oktoberverlag.de

Satz und Umschlag: Thorsten Hartmann unter Verwendung von Fotos von Rhiannon Stone/Pexels und Peter Bisovsky
Druck: Books on Demand GmbH
In de Tarpen 42, 22848 Norderstedt

ISBN: 978-3-946938-45-3

Inhalt

AM START

Ich bin gemacht aus dem Duft handgemahlener Kaffeebohnen, Marke Jubiläumsmischung von Julius Meinl, mit einem zwischen den Fingern zerriebenen Würfel Imperial Feigenkaffee versetzt, dem plätschernden Sickern des Wassers durch den Steinfilter der Karlsbader.

Davor bestand ich aus Muttermilch, diesem ekeligen Saft, der aus einem schönen Busen quoll.

Aus Stoffwindeln bin ich gemacht, die in einem großen Häfen aus Email ausgekocht wurden, aus Penatencreme und Höfer Babypuder.

Aus dem Rollen der Holzräder des Stubenwagens – vor und zurück – bewegt von einer Hand, die mich in den Schlaf schieben will. Unrundes Laufen der Räder, fast ein Ruckeln.

Aus dem Flüstern meiner Eltern in der Nacht.

Ich bin aus Rindsuppe gemacht mit Markknochen und Suppengrün, Zwiebeln und Knoblauch und eingelegten Grießnockerln*.

Aus dem Quietschen der Kreide an der Tafel bin ich gemacht: Mama und Mimi. Otto und sein Mops. Ulli heißt der Uhu. Und immer mehr wurden die Wörter.

Woraus ich gemacht bin

* Grießnockerlsuppe

Zutaten für 8 Portionen:

Rindsuppe:

1 kg Rindfleisch (Suppenfleisch)
2–3 Mark- und/oder Fleischknochen
100 g Rindsleber
1 ungeschälte Zwiebel
1 Bund Petersilie
Suppengrün, zusätzlich weitere Karotten und 1 gelbe Rübe
Salz
Pfefferkörner
1 Bund Schnittlauch

Grießnockerl:

190 g Nockerlgrieß
100 g Butter
2 Eier
Salz
Muskatnuss, gerieben

Zubereitung:

Suppe:
Rindfleisch, Rindsknochen und Leber gut mit warmem Wasser abspülen, in einem Topf mit kaltem Wasser zum Kochen bringen, dabei den Schaum abschöpfen. Das geputzte und geschnittene Suppengrün mit den ebenfalls geputzten Karotten, der gelben Rübe sowie die ungeschälte Zwiebel und die gewaschene Petersilie dazugeben und Gewürze beigeben. So lange köcheln lassen, bis das Fleisch weich ist (ca. zweieinhalb Stunden), dabei nach Bedarf mit Wasser auffüllen.
Suppe durch ein feines Sieb seihen.
Von der abgekühlten Suppe bei Bedarf Fett abschöpfen.

Grießnockerl:

Butter schaumig rühren. Zwei versprudelte Eier einrühren, mit Salz und Muskatpulver würzen. Grieß hineinrühren und ruhen lassen. Mit einem Löffel Nockerl formen und in Salzwasser 5 Minuten kochen. 15 Minuten zugedeckt sieden lassen.

Die Grießnockerl als Suppeneinlage zusammen mit den in Scheiben geschnittenen Karotten und gelben Rüben in der Rindsuppe servieren. Mit Schnittlauch garnieren.

Lieber Gott!

Ich weiß ja nicht, ob es dich gibt, aber falls es dich gibt, schreib ich dir diesen Brief, ich hätt nämlich ein paar Bitten.

Ich schreib dir in Heinzelmännchenschrift, weil sonst kannst du's nicht lesen. Die Lehrerin und auch die Mama sagen, dass ich schmiere und eine Klaue habe.

Ich hab nicht gewusst, was das ist, eine Klaue, und ich hab mich nicht fragen getraut, weil ich an der Tür gehorcht hab, was die Mama und die Tante Sophie über mich geredet haben, und da hat die Mama gesagt: »Das Kind hat eine fürchterliche Klaue.«

Ich hab dann in der »Welt von A bis Z« nachgeschaut und da steht, dass die Kühe und die Schafe Klauen haben. Lieber Gott, ich bin doch kein Schaf und erst recht keine Kuh!

Da hätt ich gleich meine erste Bitte: Mach, dass ich schön schreibe! Vielleicht bestrafst du mich ja, weil ich nicht in Religion gehe, aber meine Eltern wollen das nicht. Sie sagen, dass den Kindern dort dumme Sachen beigebracht werden, die nicht stimmen, und ich will nicht dumm werden. Ich will ganz gescheit werden, so wie Mama und Papa, und die Beste in der Klasse sein, vielleicht kannst du mir da auch ein bisschen helfen. Lass mich das Dividieren endlich verstehen, ich plag mich so, und in jeder Rechenstunde muss ich weinen. Es ist so schwer. Bitte, lieber Gott!

Und vielleicht kannst du auch die Stunden länger machen, wo wir die Deutschschularbeiten schreiben. Ich schreib so gern Aufsätze, mir fällt so viel ein.

Aber immer wenn ich mit der Einleitung fertig bin (weißt du, wir müssen Einleitung, Hauptteil und Schluss machen), sagt unsere Lehrerin: »So, jetzt kommt langsam zum Schluss. In zehn Minuten sammle ich die Hefte ein.«

Dabei ist doch der Hauptteil das Längste und das Wichtigste. Wie soll ich in zehn Minuten einen Hauptteil schreiben? Und was ist ein Aufsatz ohne Schluss?

Es ist nicht meine Schuld, dass die Stunden so kurz sind und meine Aufsätze so lang werden, wenn man mich lässt. Aber die Frau Lehrerin lässt mich nicht. Sie kommt, wenn's läutet und nimmt mir das Heft weg. Ich halte mein Schularbeitsheft ganz fest, sie zieht am anderen Ende und sie ist immer stärker. Ich finde das ungerecht.

Ich hab gehört, dass Gott gerecht ist und dass es, wenn man tot ist, das Jüngste Gericht gibt. Aber bis meine Frau Lehrerin tot ist, dauert es, glaub ich, noch sehr lange, und dann ist es zu spät.

Vielleicht kannst du auch dem Stadtschulrat sagen, dass die Schüler zwei Stunden lang Aufsätze schreiben dürfen. Der Stadtschulrat schreibt dann einen Brief an alle Lehrerinnen. Der Brief heißt »Erlass«. Ich weiß das von meiner Mama, die ist auch Lehrerin. Da steht dann drinnen, was man lassen soll und was nicht. Also zwei Stunden, ja?

Vergiss aber auch nicht meine Schrift, sonst kann ja niemand meine Aufsätze lesen. Und das Dividieren, gell.

Auf die Rechtschreibfehler musst du nicht aufpassen, weil da mach ich eh nicht so viel, ich hab in Deutsch einen Einser.

Damit ich jetzt nicht das Wichtigste vergesse:

Bitte lass meine Eltern nicht in die Hölle kommen. Die anderen Kinder in meiner Klasse haben gesagt, ich komme in die Hölle, weil ich nicht getauft bin. Alle Heiden kommen dorthin, das haben sie in Religion gelernt. Wegen mir ist es nicht so wichtig, ich glaub, ich werd sowieso nie sterben, aber meine Eltern, das wäre furchtbar. Lieber Gott, meine Eltern sind keine bösen Menschen. Sie gehen nicht in die Kirche, aber sie sind bei der SPÖ. Und ich bin bei den Roten Falken, da haben wir auch zehn Gebote: »Der Rote Falke ist stets hilfsbereit«, »Der Rote Falke meidet Alkohol und Nikotin«, »Der Rote Falke bekennt sich zum Sozialismus«, »Der Rote Falke achtet jede andere ehrliche Überzeugung, auch wenn er sie bekämpft« usw.

Ich bin zwar nicht getauft, aber wenn ich vierzehn bin, bekomm ich die Jugendweihe. Ich glaub nicht, dass das mit Weihwasser ist, aber irgendwie klingt es doch heilig.

Wir haben kein Kruzifix daheim hängen, sondern ein Bild von Karl Marx, du kennst ihn sicher, du siehst ja alles, und der schaut dir ein bisschen ähnlich mit seinem langen weißen Bart und seinen gütigen Augen. Vielleicht seid ihr ja verwandt.

Mein Papa ist Gewerkschafter und er hilft den Arbeitern, dass sie nicht zu wenig Lohn bekommen und nicht so lang arbeiten müssen jeden Tag (schau, wenn sie lang arbeiten, dann haben sie keine Zeit, in die Kirche zu gehen, das wirst du doch auch nicht wollen) und dass sie sich ins Bett legen dürfen, wenn sie krank sind und nicht in der Arbeit tot umfallen.

Wenn es nicht schon zu viel ist, was ich mir wünsche, könntest du mich dann auch so schön machen wie meine Mutter und wie meine große Schwester? Meine Haare sind so gerade wie Schnittlauch und ich hätte gerne Locken. In der anderen Schule, wo ich früher war, war ein Mädchen in meiner Klasse mit ganz langen Stoppellocken, wunderschön. Die Lehrerin hat ihr immer über die Haare gestreichelt und sie singen lassen »Lieber Gott, lass die Sonne wieder scheinen«.

Ich hab nie so einfach vor der ganzen Klasse singen dürfen, dabei kann ich viel schönere Lieder, zum Beispiel »Brüder, zur Sonne, zur Freiheit« und auch das Kinderfreundelied: »Bruder, lass den Kopf nicht hängen, kannst ja nicht die Sterne sehn!«

Mein Bruder, der ist viel kleiner als ich, und er ärgert mich immer so, und wenn ich ihn dann an seinen Haaren zieh (er hat übrigens Locken, ich finde das ungerecht), dann schimpfen meine Eltern mit mir, dabei hat er angefangen. Vielleicht kannst du ihn bestrafen. Aber nachher, wenn er seine Strafe bekommen hat, mach ihn ein Stückerl größer. Er kränkt sich immer so, weil er der Kleinste in der Kindergruppe ist und alle »Purzel« zu ihm sagen (ich sag das nur, wenn er mich ärgert). Vielleicht kannst du ihn überhaupt gleich so groß machen, dass ich nicht dauernd auf ihn aufpassen und ihn vom Kindergarten abholen muss. Aber bitte nicht größer als mich, weil sonst ist er ja stärker. Ich finde es gut, dass ich stärker bin als er.

Wenn er im Hof unten spielt, kommt er manchmal raufgelaufen und heult: »Die großen Buben haun mich!« Ich lauf dann immer runter, weil die großen Buben sind nicht viel größer als mein Bruder, und wenn sie mich sehn, dann laufen sie, so schnell sie können, und ich ihnen nach, ich kann unheimlich schnell rennen, und dann hab ich bald einen am Haarschippel.

Lieber Gott, es dauert so lange in der Heinzelmännchenschrift und ich muss noch meine Rechenaufgabe machen. Ich kann dir ja ein anderes Mal noch einen Brief schreiben.

Amen und vielen Dank,
Deine Neni

P. S.: Ich werd meine Freundin Biggie bitten, dass sie den Brief in der Penzinger Kirche auf den Altar legt, dann kannst du ihn gleich lesen.

Bitten

Auf dem Schulschikurs haben wir Mädchen alle rosa Labisan aufgetragen. Das ist fast so toll wie Lippenstift. Dass rote Lippen zum Küssen da sind, wussten wir von Cliff Richard, denn wir haben im Schlafsaal heimlich »Hallo Teenager« gehört.

Ob ich küssen kann? Die Milchgesichter aus der Bubenklasse mit ihren komischen Kieksstimmen und dem lächerlichen Flaum im Gesicht werde ich jedenfalls nicht küssen. Höchstens den Walter vielleicht.

Wenn ich mir die Haare toupiere, Mamas Haarspray verwende und den Petticoat meiner Schwester anziehe, sehe ich schon fast aus wie Conny Froboess, das Sugar Baby von Peter Kraus.

Meine Eltern sind so gemein. Kaum hör ich ihn »am Palmenstrand der Insel Filalila« singen, schreien sie, ich soll den Plattenspieler abstellen. Ich soll lernen, damit ich keinen Nachzipf bekomme. Wie mich das anzipft.

»Nicht für die Schule, sondern für das Leben lernen wir«, hab ich ihnen gesagt. Mehr hab ich nicht gebraucht. Ich soll nicht so frech sein. Dabei hat das doch unser Klassenvorstand gesagt. Und er hat Recht. Wenn ich nicht übe, in Mamas Stöckelschuhen zu gehen, werde ich hinfallen. Da nützt es mir gar nichts, wenn ich Schlussrechnen und Wurzelziehen kann. Auch wird mich »The Wanderer« nie finden, wenn ich immer in der Schule oder daheim hocke. »Where pretty girls are well, you know that I'm around / I kiss 'em ...«

Das wär doch eine tolle Chance, Englisch zu üben. Und Küssen.

Hallo Teenager

Die Friedenstaube, von Picasso gemalt. Turteltäubchen auf einer bäuerlichen Hochzeitsschachtel. Aschenputtels Gehilfen. Fotomotive auf dem Markusplatz. Ungebetene Gäste auf meinem Balkon.

Früher habe ich eine Taube auf meinem Balkon brüten lassen. Ich betrat ihn kaum noch, um sie nicht zu erschrecken. Nach einigen Wochen schlüpften die Jungen aus. Ein erbärmlicher Anblick, so hässlich.

Mit Interesse und Herzklopfen verfolgte ich ihre Flugübungen. Ich bangte mit ihnen, wenn die Mutter sie dazu drängte. So würde es mir auf der Schischanze des Holmenkollen ergehen.

Eines der vier Täubchen* war etwas zurückgeblieben, ein Spätentwickler. Ich bezweifelte, dass es das je schaffen würde und überlegte mir schon, zur Adoption bereit, wie man eine flugunfähige Taube hält.

Aber dann wurde sie doch flügge. Das war die Stunde des Abschieds. Obwohl ich danach etwa drei Stunden meinen Balkon reinigte, war ich doch ein wenig traurig.

Flügge

* Gebratene Tauben

Zutaten für 2 Portionen, etwa 1200 g:

4 Tauben
Salz
1 EL Butter
3 EL Rahm
Mehl

Zubereitung:

Den Backofen auf 200–220 Grad vorheizen.

Tauben waschen, abtrocknen (Bauch quer einschneiden) und innen mit Salz einreiben, den Hals nach hinten legen und die Flügel so zusammenbiegen, dass der eine den Hals hält. Magen, Herz und Leber säubern, waschen und mit 1 EL Butter in den Bauch geben. Beide Beine in den Baucheinschnitt stecken.

Die Tauben in eine Bratpfanne legen und in den vorgeheizten Backofen schieben. Sobald der Bratensatz bräunt, etwas Wasser hinzugießen, die Tauben ab und zu mit dem Bratensatz begießen und verdampfte Flüssigkeit nach und nach ersetzen.

Nach 45–60 Minuten die fertig gebratenen Tauben auf einer vorgewärmten Platte anrichten und warm stellen.

Den Bratensatz mit Wasser loskochen, 3 EL Rahm hinzufügen und nach Belieben mit Flüssigkeit auffüllen. Auf der Kochstelle zum Kochen bringen. Mehl mit kaltem Wasser anrühren und den aufgefüllten Bratensatz damit binden, die Sauce mit Salz abschmecken.

Als Beilage eignen sich Petersilerdäpfel und Fisolen.

Die Monade ist fensterlos.

Ich weiß nicht, warum gerade dieser Satz in meinem Gedächtnis hängen geblieben ist. In einer Philosophievorlesung überwand er die geistige Abwesenheitsschranke, die meine in andere Gefilde geflohenen Gedanken errichtet hatten, und brachte mich wieder in den Lehrsaal zurück, wo ich eben jene Merkwürdigkeit vernahm.

Gewiss, ich hatte schon von Monaden gehört, diesen einfachen Substanzen als Bestandteil jeder Materie, auch von fensterlosen Räumen, aber …

Warum erwähnte das der Professor? Ist doch klar, dass Einzeller keine Fenster haben, nicht einmal Gucklöcher, Spione.

Monade ist ein schönes Wort. Zwar etwas monoton im Klang, aber nur, wenn man daran kleben bleibt. Ich aber begann sofort zu reimen:

MONADE
NOMADE
BALLADE
LIMONADE

Konnten Monaden das unstete, aber freie Leben von Nomaden führen?

Aber was hätten sie davon, wenn sie kein Fenster zur Welt besaßen?

Ohne Aussicht, Wälder zu durchstreifen, Lichtungen zu überqueren, auf Höhenrücken oder durch weite Ebenen zu ziehen, wie trostlos. Keine Balladen könnten sie, Limonade schlürfend, abends am Lagerfeuer erzählen, um so ihre Geschichte von Generation zu Generation zu überliefern. Geschichtslos mussten sie bleiben in ihrem Blindgängertum.

»Sag mal, was machst du denn da?«, fragte der Kommilitone zu meiner linken Seite, die Reimwörter in meiner »Mitschrift« fixierend. »Bist du bekifft?«

Ich warf beschämt einen Blick in sein Heft. Zum Glück schrieb er leserlich, ohne zu stenographieren:

»… aktiv, wenn sie die zentrale oder herrschende Monade bildet, die das Zentrum der Aktivität und des Erlebens in einem Organismus ist, oder nur schwach aktiv (schlafend), wenn sie zu den zahllosen untergeordneten Monaden gehört ...«

Ich war empört. Auf so einer niedrigen Entwicklungsstufe gab es schon Herrschaft und Unterdrückung! Ehe ich alle Hoffnung verlor, verließ ich den Hörsaal, um zum Arbeitskreis über »Das Kapital« von Karl Marx zu wechseln. Aber davor ging ich noch ins Unicafé, um mit einem Getränk (und es war keine Limonade!) meinen Kampfgeist wieder zu entfachen: Fenster für alle Monaden, damit sie den Durchblick bekommen!

Monade

BEGEGNUNGEN

Ich habe mir angewöhnt, in der Buchhandlung nicht nur den Klappentext, sondern auch die ersten und letzten Sätze zu lesen, zum Beispiel:

»Es begegneten einander ein Mann und eine Frau, der Mann trug eine Uniform mit einem Dolch als Schmuck, denn er war Leutnant.«

Würde ich es dabei belassen, legte ich das Buch wieder weg. Dass ein Mann und eine Frau einander begegnen, ist zwar nichts Neues, in der Literatur jedoch nahezu unausweichlich, aber uniformierte Leutnants interessieren mich nicht, ich verabscheue Militärisches. Ein Dolch als Schmuck! Dann aber versöhnt mich der letzte Satz: *»So viel über meinen Toyota Corolla.«* Edgar fährt nämlich auch einen Toyota Corolla, mit dem wir sehr zufrieden sind.

Oder:

»Meistens bin ich unbekümmert.«

Ein verlockender Anfang. Wer ist nicht gern unbekümmert? Obwohl mit »meistens« schon dunkle Vorahnungen erweckt werden. Diese Vermutung wird durch den Schlusssatz bestätigt:

»Ich spreche das Kaddisch für meine Eltern und meine Großmutter, die daneben liegt, und beglückwünsche die drei zu der Ruhe, die sie hier gefunden haben.«

Diese Sehnsucht nach Ruhe kenne ich gut, auch wenn ich sie lieber schon im Leben als erst im Tod finden möchte.

»Bernhard steht im Badezimmer und kontrolliert mich beim Kontrollieren des Spiegelschränkchens«, beginnt ein anderer Roman. Da haben sich zwei Zwängler gefunden, so einen Ehealltag möchte ich mir lieber nicht ausmalen. Ich mag es nicht, wenn mir Edgar beim Schminken zusieht. Er hat seinen Spaß dabei, mich pantomimisch nachzuäffen, wie ich den Lidstrich ziehe, die Wimpern tusche und die Lippen anmale. Das ist zwar sehr komisch, aber auch irritierend bei so heiklen Verrichtungen.

Wieder ein anderer Beginn lautet wie folgt:

»Mama sagt: ›Wenn ich daran denke, wie viel Menschen auf der Welt sind, krieg ich gleich Kopfweh.‹«

Das verstehe ich. Auch ich bekomme in überfüllten U-Bahnen oder im Stau alle Zustände, ebenso wenn ich einen Parkplatz suche, im Supermarkt in der Warteschlange stehe oder im Ambulatorium in einem überfüllten Warteraum sitze, in dem jemand einen Döner* verzehrt.

Anfang Juli atme ich auf, wenn die Hälfte der Einwohner die Stadt verlässt. Nur schade, dass sie fast alle Ende August wieder zurückkommen.

Sollte ich mich in eine Einsiedelei zurückziehen? Wäre ich dann vielleicht glücklicher?

Mama antwortet: »*Wärst du nicht.*«

Ist schon jemand auf die Idee gekommen, erste und letzte Sätze zu einem neuen Stoff zu verbinden? Mit ein paar Metern Bücher müsste das schon zu schaffen sein:

»*Meistens bin ich unbekümmert.*«

»*Bist du nicht*«, *sagt Mama,* »*bist du nicht.*«

Sie sollte Recht behalten, denn kurze Zeit später kam vom Chefredakteur ein Anruf auf meinem Handy.

»Wenn ich daran denke, wie viele Menschen auf der Welt leben und ausgerechnet Sie rufen mich an«, sage ich und bekomme augenblicklich Kopfschmerzen. »*Ich bin gerade auf dem Friedhof, spreche ein Kaddisch für meine Eltern und meine Großmutter, die daneben liegt, und beglückwünsche die drei zu der Ruhe, die sie hier gefunden haben.*«

»Sonst noch was?« Der Chefredakteur klingt gereizt.

»Auf dem Friedhof *begegneten einander ein Mann und eine Frau, der Mann trug eine Uniform mit einem Dolch als Schmuck, denn er war Leutnant.*«

»Sind Sie übergeschnappt? Sie kommen jetzt sofort in die Redaktion und liefern den Essay über ›*Titos Brille*‹ ab, das hätten Sie schon zu Maria Himmelfahrt tun sollen.«

»Hab ihn noch nicht fertig, aber ich könnte Ihnen eine Rezension zur ›*Herznovelle*‹ anbieten.«

»Sind Sie von allen guten Geistern verlassen?«

»Ja, das bin ich, die sind jetzt *im Ministerium für Mamas Angelegenheiten*, um sie zu beschützen.«

»Na dann her mit der Rezension, aber dalli!«, knurrt er.

Ich hetze vom Friedhof nach Hause, *Bernhard steht im Badezimmer und kontrolliert* seine Bartstoppel, ich reiße mein Spiegelschränkchen auf, um mein Make-up in Ordnung zu bringen, und er steht mir wie immer im Weg.

»Wäre ich nicht besser als Single dran?«, sage ich oft zu Mama und sie antwortet: »*Wärst du nicht.*«

Ich sprinte in die Garage und lege versehentlich statt des Rückwärtsgangs den ersten ein. Es kracht. *So viel über meinen Toyota Corolla.* »Wie schade«, sage ich, »wie schade.«

Erste Sätze, letzte Sätze

Quellenangaben zu den kursiv gekennzeichneten Sätzen bzw. Buchtiteln:

Michael Köhlmeier: Bleib über Nacht, Heyne 1995.

Adriana Altaras: Titos Brille. Die Geschichte meiner strapaziösen Familie, Fischer 2012.

Julya Rabinowich: Herznovelle, Deuticke 2011.

Bora Cosic: Im Ministerium für Mamas Angelegenheiten. Geschichten über alle möglichen Gewerbe. Aus dem Serbischen von Katharina Wolf-Grießhaber, Folio 2011.

* Döner

Zutaten für 1 Döner:

Türkisches Fladenbrot
Lammfleisch (z. B. Lammschulter)
1 Zwiebel
1 Eisbergsalat
1 Tomate
1 Gurke
Schafskäse
Salz und Pfeffer
Cayennepfeffer
Currypulver
1 TL Paprikapulver
1 EL Öl

Für die Döner-Sauce:

100 g stichfester Natur-Joghurt
Zitronensaft
1 Knoblauchzehe
Salz und Pfeffer
etwas Dill oder Minze

Zubereitung:

Das Fleisch in Streifen schneiden. Zwiebel fein hacken und mit dem Fleisch in einer Schüssel mit Paprikapulver, Curry, Salz, Pfeffer und Cayennepfeffer mischen. Etwas Öl, 1 EL Joghurt und etwas Zitronensaft dazugeben, gut mischen und mindesten eine halbe Stunde stehen lassen.

In der Zwischenzeit die Döner-Sauce zubereiten:

Joghurt mit Salz, Pfeffer, etwas Zitronensaft und Dill oder Minze abschmecken und mit dem kleingehackten Knoblauch mischen. Außerdem den Salat, die Tomate, die Gurke und den Schafskäse in Scheiben schneiden oder würfeln.

Etwas Öl in einer Pfanne erhitzen, das Fleisch kurz scharf anbraten und anschließend bei niedriger Hitze einige Minuten durchgaren. Das Fleisch sollte noch saftig bleiben. Das Fladenbrot im Toaster oder in einem vorgeheizten Ofen kurz anrösten. Das Brot aufschneiden und mit den Fleischscheiben, der Sauce und dem Salat füllen.

punkti punkti strichi strichi,
ist das nicht ein mondgesichti?
yksy, kaksi, kolme, taxi!
ottos pudel hat fünf haxi
krixi kraxi krixi kraxi

Die Innenstadtgalerien hatten keinen Bedarf an seinen Werken. Nicht einmal die Raiffeisenbank am Hauptplatz von Mistelbach wollte seine Bilder ausstellen. Alle schätzen Picasso, Klee, Miro und niemand Kadensky, der fast ein Kandinsky ist, geboren in der welligen Ebene des Weinviertels und auf den Namen Otto getauft.

Also bewarb sich Otto in der Geisterbahn im Wiener Wurstelprater. Otto war ein Glückspilz, er bekam den Job. Eine Woche Probezeit. Mit Schichtdienst und Gefahrenzulage. Die hatte er sich wegen der Spinne, die unweit seines Arbeitsplatzes auf die Kunden lauerte, herausgeschunden.

Dem Finanzbeamten stellte sich Otto als »Freund Hein« vor, als er sich seine Steuernummer holte. Seine Ausstattung als Sensenmann würde er abschreiben können. Aber so weit kam es nicht. Otto fürchtete sich vor der Kundschaft, die gar schrecklich kreischend in den Wägelchen vorbeiratterte.

»Sie sind so hässlich«, klagte er, »übergewichtig, stiernackig, glatzköpfig, schweinsäugig, krampfadrig und schweißfüßig.«

Ich, die ich aus dem Wagen sprang, um dem zitternden Tod in seiner letzten Stunde beizustehen, legte beschwichtigend meinen Arm um ihn. Gemeinsam verließen wir die Geisterbahn. Als wir in die Straßenbahn einstiegen, hatte ich mich an die Blicke, die uns trafen, schon fast gewöhnt. Ich genoss den Respektabstand, den die Sterblichen zum Tod an meiner Seite hielten. Nur der Kontrolleur entblödete sich nicht, Otto nach dem Fahrschein zu fragen.

»Der Tod braucht keinen Fahrschein«, sagte er stolz, »der Tod hat freie Fahrt.«

Bald zog Otto bei mir ein. Bis auf weiteres. Bis er etwas Geld, das er sich nun als Totengräber verdiente, für eine eigene Wohnung gespart haben würde. Sein beruflicher Abstieg machte ihm etwas zu schaffen. Vielleicht war das der Grund für sein eigenartiges Verhalten. Er knebelte die Büste meines Großvaters im Wohnzimmer, weil der Alte schwatzhaft sei und ihn beim Fernsehen störe. Ich fand das respektlos, immerhin war mein Opa Bürgermeister gewesen. Das muss einer, der Totengräber ist, erst einmal werden.

Dann behauptete Otto auch, dass die Wände Ohren hätten und ermahnte mich, nur zu flüstern.

»Das geht zu weit!«, sagte ich. Doch was musste ich sehen, als er stumm auf die Wände wies? Ohren aller Art: Hasenohren, Schweinsohren, Elefantenohren. Ich sprach mit der Hausverwaltung. Bis der Schaden behoben war, machten wir Urlaub und fuhren aufs Land.

Unglücklicherweise leidet Otto an einer Sauerstoffallergie. Jeder Spaziergang im Wald sei für ihn lebensgefährlich, behauptete er. Ob er nur gehfaul war?

»Lass uns eine Runde um das Forsthaus machen. Nur fünf Minuten!«, schlug ich vor.

Er willigte ein. Ich beobachtete ihn scharf. Bald rang er nach Luft und hustete, beschleunigte seinen Schritt, erreichte das Forsthaus mit Müh und Not, läutete Sturm und bat den Förster, seinen Jeep zu starten, legte sich auf die Erde, spannte die Lippen um das Auspuffrohr und saugte die Abgase gierig ein. Dabei entspannte er sich, sein Gesicht nahm wieder Farbe an.

»Otto, mein Otto«, schluchzte ich und verdammte mich für meine lasterhafte, rücksichtslose Begierde nach Spaziergang.

Den Rest des Urlaubs verbrachten wir Karten und Mensch-ärgere-dich-nicht spielend in unserer Pension, wenn man von unseren täglichen Besuchen des örtlichen Friedhofes absah. Otto liebt Friedhöfe, es ist eine Art Berufskrankheit. Stundenlang kann er von Grab zu Grab gehen und die Inschriften auf den Grabsteinen studieren.

Auch sein Musikgeschmack ist von dieser Vorliebe geprägt. Der »Trauermarsch« von Chopin und die »Kindertotenlieder« von Mahler stimmen ihn ausgesprochen heiter. Er kann sich nicht satt hören an ihnen. Zum Geburtstag schenkte ich ihm einen Oratorien-Konzertzyklus.

Der Urlaub hatte Otto gut getan und ihm einen Motivationsschub gebracht. Überglücklich vertraute er mir an, dass er eine Statistenrolle in »Pompes Funèbres« im Burgtheater bekommen hatte und er

Mitglied einer Laienspielgruppe geworden war, die den »Jedermann« probte. So lebendig hatte ich ihn schon lange nicht mehr gesehen.

Der Zufall verhalf ihm zu einem Karrieresprung. Als er vor einem Begräbnis seines Amtes waltete und der Grabredner kurzfristig ausfiel, erklärte sich Otto spontan bereit, für ihn einzuspringen. Der Mann von der städtischen Bestattung war so angetan von seiner Ansprache, dass sie ihn in den Rednerpool aufnahmen.

Seither feile ich mit ihm an seiner Aussprache. Wir haben mit sprechtechnischen Übungen begonnen: »Am Waldesrand lagerten lange Schatten. Waldschrate lachten im tappenden Tanz.«

Zum Dank hat mir Otto gestern ein entzückendes »Kleines Schwarzes« geschenkt und einen großen Strauß Chrysanthemen überreicht.

So hat sich alles zum Guten gewendet und unserem Glück steht nichts im Wege. Merkwürdig nur, dass ich jetzt manchmal so melancholisch werde. Ob ich einen Arzt aufsuchen soll?

Der Tod an meiner Seite

Eines Nachts flüsterte mir Onkel Hans, wie so oft an einer alten Semmel kauend, in meinem Traum ins Ohr, dass ein Schatz für mich bereitläge.

»Onkel Hans«, rief ich erschrocken, »bist du wieder aus Kalksburg getürmt?« Tante Marie hatte ihn in das Therapiezentrum gebracht, nachdem er sich mit den »Anonymen Alkoholikern« zerstritten hatte.

»Ich brauche Tapetenwechsel«, sagte Onkel Hans, heftig zwinkernd, »ich hatte Heimweh. Steh auf und birg deinen Schatz!«, gebot er nicht ohne Pathos.

»Welchen Schatz?«

»Den Schlüssel zum Glück.«

Oje, das klang ziemlich weinselig.

»Und wo soll der sein?«

»In einem Geheimversteck.«

»Würdest du so liebenswürdig sein, es mir zu verraten?«

»Das finde ich selbst nicht mehr!« Er seufzte tief und sackte mit einem Plumps neben meinem Bett zusammen.

Ich vergewisserte mich, dass ihm nichts geschehen war und strich die Semmelbrösel aus meinem Bett. Dabei wurde ich munter.

Ich stand auf, ging zum Fenster, schob den Vorhang zur Seite und sah einen blassen Mond, der bald dem Tageslicht weichen würde. In diesem Dämmerzustand befiel mich eine merkwürdige Klarheit. Ich schlüpfte in meinen Schlafrock und nahm den Dachbodenschlüssel, den ich in der Schreibtischlade aufbewahrte, stieg die knarrende Treppe hinauf, öffnete die eisenbeschlagene Tür und schritt schnurstracks zur Truhe, die direkt unter der Dachluke stand. Ich hob den Deckel. Sie war gefüllt mit meinen Kinderbüchern, an die ich mich manchmal so gern erinnert hatte. Ich setzte mich neben die Truhe und blätterte in den Büchern, vertiefte mich in »Putzi, das Teufelchen«, trug dann die Bücherstöße weiter ab, bis ich bei einem doppelten Boden angelangt war. In diesem fand ich ein Kleid aus fliederfarbenem Crêpe de Chine. Ich erkannte es sofort, denn meine Mutter trägt es auf dem eingerahmten Foto, das über meinem Schreibtisch hängt. Meine schöne Mutter in ihren Jugendjahren mit der Greta-Garbo-Frisur. Nie war mir meine Innenrolle so gut gelungen, nie hatte mein Haar so geglänzt. Ehrfürchtig ergriff ich das Kleid und vergrub mein Gesicht in den weichen Stoff, der noch immer nach dem betörenden Parfum meiner Mutter roch. Ich schüttelte das Kleid vorsichtig aus, dabei fiel eine vertrocknete Spinne zu Boden. Ich erstarrte, ich wollte weglaufen, den Dachboden verlassen, zurück in mein Bett, mich unter der Decke vergraben, doch ich konnte mich nicht mehr bewegen. Atmen, sagte ich mir, atmen, und da war er wieder, der wundervolle Duft. Ihr Geliebter, der Besitzer eines griechischen Restaurants, hatte ihr das Parfum geschenkt. Sie hat dann einen anderen geheiratet, meinen Vater, aber dem Parfum ist sie treu geblieben. Ihr Geliebter ging aus Kummer zur See, kehrte aber bald wieder zurück, weil Seekrankheit schlimmer ist als Liebeskummer, wie er sagte.

Ich bin mir da nicht so sicher. Ich habe meinem Exmann den Ehering nachgeschleudert, als er eines Nachts spät nachhause kam und sich im Schlafzimmer auszog. Ich tat so, also ob ich schlief, aber ich beobachtete ihn. Das letzte Kleidungsstück, das er abstreifte, war ein Damenhöschen. Als ich ihn darauf ansprach, war er zum ersten Mal um eine Ausrede verlegen.

Aber ich sah ihn vor mir, den Haufen am Boden verstreuter Kleider, die sie sich in wilder Gier vom Leib gerissen hatten. In der Eile des Aufbruchs hat er im gedämpften Licht wohl ihre statt seine Unterhose erwischt. Ich stellte mir seine Geliebte mit prallem Hintern vor, so dass ihm kein Größenunterschied zu schaffen machte.

Mein Ehering hat sich so gut verrollt, dass ich ihn nie wieder gefunden habe. Seiner hingegen ruht in dem Schächtelchen in seinem ehemaligen Nachtkästchen. Er hat ihn nicht mitgenommen. Wozu auch? Er hat ihn ja nie getragen.

Letzte Woche habe ich die alten Fotos eingeklebt. Seine Briefe an mich habe ich mit einer Schleife zu einem Päckchen zusammengebunden. Es ist an der Zeit, Ordnung in mein Leben zu bringen. Schon als Kind hat es mich beruhigt, meinen Spielzeugschrank aufzuräumen, wenn meine Mutter ausgegangen ist.

Meine Mutter ist längst gestorben, ebenso wie ihr Geliebter, und wo einst im *Dionysos* der Retsina floss, steht heute ein Internetcafé. Ich öffnete die Dachluke, durch die die ersten Sonnenstrahlen schräg einfielen und ein leichter Wind den Staub zum Tanzen brachte. Auch ich begann, mit dem Kleid meiner Mutter in den Armen zu tanzen. Ich drehte mich zu imaginierten Walzerklängen, wirbelte ausgelassen über den Bretterboden. Vom Internetcafé her stieg Kaffeeduft auf.

Ich verließ, das Kleid über die Schulter gehängt und die Hände unter einen Stapel Kinderbücher geschoben, den Dachboden und kehrte in meine Wohnung zurück. Ich stieg unter die Dusche und wusch mich sorgfältig, bevor ich in das Kleid schlüpfte. Jetzt erst sah ich, dass ein Stück Saum aufgegangen war. Wer sollte das nähen? Meine Handarbeitslehrerin hatte mich immer als den Schandfleck der Klasse bezeichnet. Ich betrachtete mich vor dem Spiegel. Als ich überlegte, welche Schuhe dazu passen würden, wanderte mein Blick von meinen bloßen Füßen aufwärts zu den Hüften und zur Taille, wo das Kleid vielleicht eine Spur zu knapp saß. Du bist zu dick, meldete sich meine innere Stimme. Mach Diät! Karotten, Knäckebrot, Salat, an Festtagen vielleicht einen Gemüseauflauf*. Ich seufzte. Morgen. Mañana. Heute würde ich mir noch ein letztes Butterbrot streichen, ein letztes Frühstücksei essen. Aber geh, sagte die weise Frau in mir, von einem guten Menschen kann nicht genug da sein. Und hatte nicht auch Onkel Hans immer gesagt: »Viel Frau, viel Freude«, wenn er Tante Marie in ihren mächtigen Hintern gezwickt hatte?

Ich zog das Kleid wieder aus und hängte es über eine Sessellehne. Ich musste erst einen freien Kleiderhaken suchen. Da fuhr ein Windstoß durch das geöffnete Fenster ins Zimmer, packte das Kleid und nahm es mit sich. Ich beugte mich weit hinaus, um einen Zipfel zu erheischen, doch ich verfehlte es knapp. Es entwischte mir, trieb leicht gebauscht davon, entschwebte engelsgleich gen Himmel, ein fliederfarbener Schleier über den roten Ziegeldächern, wie eine von Chagall gemalte Braut. Ich stand mit offenem Mund da und winkte ihm nach, es winkte mit dem rechten Ärmel zurück. Tränen rannen mir über die Wangen, verschwommen sah ich einen Ballon. Ich setzte mich in meinen Schaukelstuhl, ich weiß nicht, wie lange ich auf die Ornamente am abgewetzten Perserteppich starrte, als es an der Tür läutete.

Draußen stand ein Mann in einem weißen Perlon-Overall. Unter seiner Fliegermütze quollen rotblonde Locken wie ein Wasserfall hervor. Sein Gesicht war mit Sommersprossen übersät. Sein linkes Auge war blau, sein rechtes braun. Er trat unaufgefordert ein und überreichte mir das Kleid meiner Mutter.

»Ziehen Sie es an«, sagte er. Dann verlangte er Nähzeug, kniete vor mir nieder und nähte den aufgegangenen Saum hinauf. Wir wechselten kein einziges Wort und fast vergaß ich zu atmen.

»Sie brauchen frische Luft«, sagte er, als er fertig war und nahm meinen Arm. Draußen half er mir in den Ballonkorb, zog an der Leine und wir hoben vom Boden ab. Wir warfen Sandsäcke über Bord und gewannen rasch an Höhe. Das Letzte, was ich von meinem Haus sah, waren ein paar herabstürzende Dachziegel. »Kein Problem«, sagte der Ballonfahrer, »ich bin Dachdecker.«

Da wusste ich, dass ich auch den passenden Deckel zu meinem Häferl gefunden hatte.

Das Kleid meiner Mutter

* Gemüseauflauf

Zutaten für 2 Portionen:

1 Msp. Butter
Semmelbrösel
3 Knoblauchzehen
2 Karotten
1 Zucchini
2 Paprikaschoten
1 EL Majoran
Pfeffer
Salz
1 Spritzer Weißwein
125 g Mozzarella
250 g Rahm
3 Eier
3 EL glattes Mehl

Zubereitung:

Für den Gemüseauflauf das Rohr auf 200 Grad vorheizen. Die Auflaufform mit Butter ausstreichen und mit Bröseln ausstreuen.

Karotten und Zucchini in feine Streifen und Paprikaschoten in dünne Ringe schneiden.

Knoblauch in einer Pfanne andünsten mit Weißwein aufgießen, Gemüse dazugeben, kurz anbraten und mit Salz, Pfeffer und Majoran würzen.

Mozzarella grob raspeln, die Hälfte davon mit Rahm, Mehl und Eiern verrühren, Gemüse untermischen.

Die Masse in der Form verteilen, mit dem restlichen Mozzarella bestreuen und im Rohr auf mittlerer Schiene ca. 40 Minuten backen.

Blau, ganz blau der Himmel. Prall die Sonne. Bäuchlings auf der Luftmatratze. Wie lange liege ich schon hier? Bin ich eingeschlafen? Bin ich gewachsen oder ist das Segelboot geschrumpft? Auf jeden Fall sind meine Haare gewachsen. Gut zwanzig Zentimeter. Im Durchschnitt wachsen die Kopfhaare einen Zentimeter pro Monat. Dann müsste ich jetzt also seit 20 Monaten auf der Luftmatratze liegen.

Als ich ins Wasser ging, war es Anfang Juli. Für Anfang März ist es jetzt eindeutig zu heiß. Die Klimaerwärmung? Und was habe ich sonst noch alles verschlafen?

Ich paddle mit den Händen Richtung Ufer. Land in Sicht, zum Glück. Aber seltsam, die Menschenmenge am Strand mit den aufgespannten Regenschirmen, dichtgedrängt. Normalerweise liegen Badende in Liegestühlen unter Sonnenschirmen. Die Gewohnheiten scheinen sich geändert zu haben.

Schopenhauer hat das auch zu mir gesagt, als ich ihn in der Staudgasse traf, bevor ich hierher auf Urlaub gefahren bin.

»Sie hier?«, habe ich ihn gefragt und er hat ganz schuldbewusst dreingeschaut, den Zeigefinger an die Lippen gelegt.

»Nix verraten, bitte«, hat er kaum hörbar gesagt.

Er sei inkognito hier. Es ist schon komisch, wenn ein deutscher Philosoph »nix« sagt. Er musste schon lange hier sein. Ach ja, verdammt lange. 1860 ist er gestorben, wenn ich das richtig in Erinnerung hatte.

»Entschuldigen Sie, ich habe Sie mit jemanden verwechselt«, sagte ich, »Sie sehen aus wie Schopenhauer.«

»Jetzt werden Sie nur nicht frech«, hat er erwidert.

Ich war erstaunt. Normalerweise sind Männer geschmeichelt, wenn sie für Philosophen gehalten werden.

Aber ich sollte jetzt an Land, um die näheren Umstände zu erkunden.

»Es hat zu regnen aufgehört«, rufe ich den Leuten zu, als ich in Ufernähe bin.

»Aaah!« Wie aus einem Mund sagen sie das, spannen die Regenschirme ab, wenden mir ihre Rücken zu und verlassen den Strand in einer Marschkolonne.

Ich bleibe allein zurück. Ich hätte jetzt gern Gesellschaft.

Wieso ist denn überhaupt niemand hiergeblieben? Wieso ist mein Mann nicht mitgekommen? Mir fällt ein, dass ich ihn verlassen habe. Mit gutem Grund.

Aber meine Badetasche steht noch an Ort und Stelle. Ich setze mich auf mein Handtuch und greife nach meinem Buch. Wo war ich stehengeblieben?

Himmel ... Sonne ... Luftmatratze ... Haare gewachsen ... Menschenmenge mit aufgespannten Regenschirmen ... Schopenhauer ... Es hat zu regnen aufgehört ... Marschkolonne ... verlassen am Strand ... Wieso ist mein Mann nicht ...

Ach ja hier.

Mein Handy klingelt. Eine SMS von Schopenhauer: »Das Leben kann als Traum angesehen werden und der Tod als Erwachen.« Darüber muss ich nachdenken.

Ich gehe wieder ins Wasser und lege mich auf meine Luftmatratze. Bäuchlings. Hinter meinen geschlossenen Lidern betrachte ich die Reflexe des Lichts als Farbenspiel auf meiner Netzhaut.

Ich schrecke hoch. Ich muss eingeschlafen sein.

Schopenhauer

Ich erinnere mich nicht daran, Freud je begegnet zu sein in einem Nebel aus Zigarrenrauch. Ich bin Nichtraucherin, aber warmen Rauch habe ich gern. Zumindest für Momente: diese Einnebelung, eingehüllt in eine Wolke.

Ich erinnere mich nicht daran, ob Freud über Zahlensymbolik geschrieben hat, aber sicher hat er das. Zahlen und Freud, Wörter und Freud.

Eine Freude, einen Sechser zu würfeln beim Mensch-ärgere-dich-nicht-Spiel und erst die Freude, jemanden rauszuschmeißen, sodass er wieder zurück an den Start muss. Die Aggression, ja, da bin ich jetzt bei ihr gelandet. Die offene Aggression, die halbherzige, die verdeckte, die unterdrückte. Dieser Druck lastet auf meinen Schultern. Ich schüttle mich. Was schüttle ich ab? Ach ja, die Aggression.

»Lass raus, lass raus!«, schreien irgendwelche Erinnyen am Donaukanal, aber nein, das verwechsle ich mit Sirenen. Mein darin enthaltener Name kommt aus dem Altgriechischen und bedeutet »Friede«. Wie soll ich da aggressiv sein? Eine Gemeinheit von meinen Eltern, mich so zu nennen, aber nein, es war ja meine Großmutter. Hauptsache, ein Schuldiger ist ausgemacht. Anderen etwas in die Schuhe schieben, das macht Spaß. Die schlüpfen rein beziehungsweise wollen das und dann stoßen ihre Zehen an etwas an, zum Beispiel eine Nuss.

Der Fuß und die Nuss. Die Nuss würde lieber auf dem Fluss schwimmen anstatt im dunklen, »duftenden« Schuh zu stecken.

»Duft«, hehe, das sagt jetzt der Schuft in mir, der ans Tageslicht will und nicht immer im Verborgenen der Mottenkiste bleiben, wo es nach Naphthalin stinkt. Naphta! Seine endlosen Diskussionen mit Settembrini im »Zauberberg«. Oder Nathan bei Lessing. Der hat sich einen Reim darauf gemacht. Eigentlich waren es viele Reime. So viele wie die Steine in der Straße von Rheims, die zum Dom führt. Felis domestica döst dort im Schatten. Freud streichelt sie. »Mit Katzen verbrachte Zeit ist nie verschwendet«, sagt er.

Freud

Was machen die Fernfahrer, wenn sie nicht im Stau stecken, den sie verursacht haben? Hören sie Nachrichten oder die Philharmoniker?

Die Philharmoniker müssen nicht unbedingt Wiener sein, obwohl das für mich naheliegt, weil ich ortsbedingt am häufigsten auf sie stoße. Unlängst sogar im wahrsten Sinn des Wortes:

Es bildet sich in der Westausfahrt ein Stau. Ich bremse zu spät, fahre auf den Vordermann auf. Auf dem Pannenstreifen stellt sich heraus, dass er Mitglied der Wiener Philharmoniker ist.

Das Erste, was er tut, ist nicht den Blechschaden an seinem Auto zu besichtigen, sondern einen riesigen Instrumentenkasten vom umgeklappten Rücksitz zu hieven, ihn auf seinen auf dem Pannenstreifen ausgebreiteten Mantel zu legen und den Kontrabass sorgenvoll zu beäugen wie eine Mutter die Knie ihres gestürzten Kindes.

Sind die Knie zerschunden? Ist eine Saite gerissen?

Nachdem sich die Unversehrtheit des Instruments herausgestellt hat, ist der Wiener Philharmoniker, der sich als Ladislaus Lewandowski vorstellt, ein gänzlich unaufgeregter Unfallgegner. Wir tauschen die nötigen Daten aus. Ich entschuldige mich für meine Unkonzentriertheit, die jetzt diese Verzögerung in sein Leben gebracht hat. Er macht eine beschwichtigende Geste, die mir ein wenig ausladend vorkommt, ja eine große Geste, und sagt »Ich bitte Sie, Gnädige Frau, das kann doch passieren. Es ist nicht weiter schlimm.«

Seine Sprache ist gepflegt, leicht nasal, wahrscheinlich alter polnischer Adel.

Zärtlich streicht er mit seiner Hand über den Corpus seines Instruments – neidisch könnte man werden –, schließt den Kasten wieder und befördert ihn behutsam in sein leicht angeschrammtes Auto.

Schade, dass sich nur unsere Fahrzeuge berührt haben. Ob ich ihm vorschlagen soll, ihn bei der nächsten Raststätte auf einen Kaffee einzuladen, als kleine Wiedergutmachungsgeste sozusagen? Aber ich trau mich nicht. Er hat mich »Gnädige Frau« genannt. Das klingt irgendwie unerotisch, nicht nach einem Objekt der Begierde. Ich fühle mich plötzlich so alt.

»Sollen wir bei der nächsten Raststätte einen Kaffee miteinander trinken?«, fragt er mich, »bis der Stau sich auflöst?«

Der Fernfahrer, der aus seinem LKW auf uns herabschaut, versteht sicher nicht, warum ich ihn so glücklich anlächle.

Wiener Philharmoniker

Steht im Trockenen in voller Montur auf dem Gehsteig der Hamburgerstraße und erschreckt mich in seinem enganliegenden schwarzen Neoprenanzug, leicht zum Sprung geduckt. Die gummibehandschuhten Finger zu Krallen gekrümmt. Schwarz auch die Flossen und die Taucherbrille, nur ein gelber Schnorchel ragt wie ein Horn in die Luft.

Ich fühle Mitleid mit dem Monster, das seiner natürlichen Umwelt beraubt wurde.

Ich denke an Fliegen, die in Bauernküchen an Klebestreifen picken bleiben. Sollte ich ihm aus dem nahegelegenen Café Rüdigerhof ein großes Glas Wasser bringen oder ihn mit einem Kübel überschütten, damit er nicht so im Trockenen leidet? Oder täte ihm ein Krügerl Bier gut?

Welche Sturmflut hat ihn in die Häuserschlucht gespült, auf den Asphalt geschleudert?

Ich denke an Chinesische Bodenvasen mit verdorrten Blumengestecken in der Wüste, an Sandaletten in Schneewechten, an erfrorene Palmen am Nanga Parbat, an Steinböcke im Ibmer Moor, an Maulwürfe auf der Aussichtsplattform des Eifelturms.

Zwar sind es nur mehr ein paar Meter zum Wienfluss, aber was soll ein Taucher in einem dünnen Rinnsal? Ein Taucher gehört in einen See oder Ozean, aber nicht in den so benannten Badeteich bei Guntramsdorf, da käme er sich verhöhnt vor.

Mit der U-Bahn könnte er die Donau erreichen, die Blicke der Fahrgäste an sich abprallen lassend, und dann ab ins Schwarze Meer.

Vielleicht bevorzugt er aber auch die Salzkammergut- oder Kärntner Seen?

Mit einem so Verpanzerten ins Gespräch zu kommen, fällt mir nicht leicht. Blickkontakt durch die Taucherbrille erschwert, Mund durch den Schnorchel verschlossen.

Was kümmert's mich überhaupt? Dem Tauchsport kann ich nichts abgewinnen. Bis man da eingekleidet ist und dann noch eine Sauerstoffflasche umgehängt hat. Und diese schwarze Tiefe macht mir Angst. Ich bin nicht tiefgründig genug, eher oberflächlich, denn Schnorcheln liebe ich: Wenn mir an den Korallenriffen freundlich lächelnde bunte tropische Fischschwärme entgegenschwimmen und ich mitten durch sie hindurch.

Ich verzichte dann auch eine Zeitlang auf den Verzehr von Fischen. Man isst niemanden, der einen anlächelt.

Ob das auf Kannibalismus übertragbar ist, weiß ich nicht, denn vermutlich lächelt man nicht, wenn man in einen Topf mit kochendem Wasser gesetzt wird.

Einmal hat mich ein Taucher drangekriegt: Meine Freundin und ich, wir waren damals noch jung und knusprig, fuhren Anfang Juni nach Tropea in Süditalien in einen Club am Meer und waren die ersten Gäste. Der Clown als Entertainer, der Restaurantkoch, der Motorbootbesitzer und der Tauchschullehrer, am Beginn der Saison noch unverbraucht und voller Tatendrang, stürzten sich auf uns. Wir genossen den exklusiven Service, ließen uns begaukeln, bekochen und flitzten mit dem Motorboot übers Wasser in abgelegene Buchten … und der Tauchschullehrer wollte mich auf dem Grund des Meeres verführen. Meine hartnäckige Abwehr fiel der italienischen Überredungskunst zum Opfer. So schnell konnte ich gar nicht schauen, schon steckte ich in voller Tauchermontur, nur das Verrutschen einer meiner Kontaktlinsen erforderte die Abnahme der Taucherbrille und brachte Zeitverzögerung bzw. -gewinn, je nach perspektivischer Betrachtung.

Schließlich tauchten wir ins Wasser ein (an einem lächerlich seichten Sandstrand, wo es nichts zu sehen gab) und gingen Händchen haltend auf dem Meeresboden spazieren. So lange, bis ich Wasser einatmete und um mein Leben ringend hochschoss.

Ich blicke den Taucher in der Hamburgerstraße an. Würde er seine Taucherbrille und den Schnorchel ablegen und wie damals sagen: »Tuoi occhi azzuri como sono belli«? Und aus einem der angrenzenden Lokale würde Gianna Nanninis Stimme dröhnen: »Bello, bello e impossibile con gli occhi neri e il tuo sapor mediorientale«.

Er hatte wohl nicht aufgegeben, mich ausfindig zu machen.

Aber dann sah ich die Schachtel auf dem Boden neben seinen Flossen, in der Cent- und Euromünzen lagen. Ich warf einige dazu und ging meines Weges.

Abgetaucht

Etwa 30 Meter vor mir schreitet eine große Frau auf dem Wanderweg zwischen den Weinreben kräftig und gleichmäßig aus. Ihr blondes Haar weht im Wind. Keine Sekunde lässt sie an Tempo nach, nichts kann sie aufhalten, denke ich. Der Abstand zwischen uns ist inzwischen auf 40 Meter angewachsen. Wie alt sie wohl ist? Sicher noch jung. Ich nenne sie Kriemhild und würde sie gern von vorne sehen. Dazu müsste ich sie überholen und mich dann beiläufig umdrehen oder mich auf eine Bank setzen und warten, bis sie vorbeikommt. Aber es ist auch schön in ihrem Windschatten, den man bei dieser Distanz wohl nicht mehr so nennen kann, in ihrem Sog. Ja, sie übt einen Sog auf mich aus, ich will sie keinesfalls aus den Augen verlieren. Ich bin jedes Mal froh, wenn sie nach ihrem Verschwinden in einer Mulde oder hinter einer Wegbiegung wieder in meinem Blickfeld auftaucht.

Wie gleichmäßig sie ihr rasches Tempo hält. Anscheinend mühelos. Nichts an ihrer Körperhaltung lässt auf Ermüdung schließen. Diese Zielstrebigkeit. Ja, sie geht auf ein Ziel zu, das ihr Antrieb verleiht. Kriemhild will Brunhild demütigen und so ihre eigene Schmach rächen. Sie wird den Betrug aufdecken, der Gunter, Brunhilds Gemahl, ganz schön arm aussehen lässt und Siegfried umso stärker. Doch Kriemhild geht es gar nicht um Rache. Sie will nur ihre Ruhe haben und ihren Siegfried. Brunhild hat die Idylle in Worms zerstört, sie muss fort von hier. Kriemhild wird sie vom Hof jagen.

Ich bewundere diese Frau, wie sie so unerschrocken auf ihre Rivalin zugeht, deren Stärke einzig Siegfried zu besiegen vermochte.

Ich bin nicht mutig.

»G. sagt immer ›Das kann ich nicht‹, obwohl sie im Nachhinein die Aufgaben gut löst«, steht in einem psychologischen Gutachten aus meinem 5. Lebensjahr.

Kriemhild traut sich sehr wohl zu, Brunhild zu besiegen. Voll Ingrimm schreitet sie aus. Im Gegensatz zu Gunter schiebt sie nicht Siegfried vor.

Vielleicht bin ich als Kind zu wenig ermutigt worden. Meine Großmutter, bei der ich aufgewachsen bin, war sehr ängstlich. Aber spätestens nach der 10. Therapiesitzung weiß man, dass man nicht ewig alle Unzulänglichkeiten auf die Kindheit schieben kann.

In meiner Familie hat es immer geheißen: »Das Kind ist so patschert.« Tatsächlich bin ich handwerklich nicht sehr geschickt. Natürlich hätte ich an der Volkshochschule einen Kurs »Das mache ich jetzt selbst« besuchen können. Dann müsste ich mich in Baumärkten nicht fühlen wie in einem fremden Universum und nicht immer mein Weibchenschema bemühen, wenn ich ein Mannsbild um Reparaturarbeiten bitte. »Gunter, Gernot, Giselher, kommt schnell her, eine Maus, und übrigens, die Kommodenlade klemmt!«

Wo ist Kriemhild? Der Weg ist in Baden eingemündet und Kriemhild verschwunden. Ich werde sie nicht finden, sie gehört nicht nach Baden. Obwohl der Schwefelgestank schon entfernt an Waberlohe und somit an ihr Anliegen gemahnt. Kriemhild wird Brunhild den Kopf waschen und dann nach Worms zurückkehren. Und ich nach Gumpoldskirchen zum Parkplatz. Ich habe mein Auto übriges Bruni getauft. Brunhilde wäre beleidigt, denn es ist ein Toyota Yaris und kein Ferrari.

Auf der Autobahn sehe ich einen Ferrari mit einem Feuerschweif. Da hat die Kriemhild der Brunhild aber ganz schön eingeschenkt, dass sie es so eilig hat, nach Island zu kommen. Hoffentlich hält der Auspuff so lange.

Kriemhild

Stimmengewirr, Geschirrgeklapper, Sesselrücken, orientalischer Gesang aus dem Radio. Was wird gesprochen? Gemischter Satz? Was wird gekocht? Couscous, gebratene Forelle, ein weiches Ei? Wird ein Butterbrot gestrichen, Hummus zu Fladenbrot gereicht, ein Joghurt mit Heidelbeeren angerührt oder Ayran serviert?

Die Sisi – ich schreib sie immer mit einem S, weil sie so dünn war (zwischen 45 und 47 Kilo bei einer Größe von 174 cm) –, hat in ihren Diätphasen nur vier Orangen gegessen und frische Milch getrunken. Kandierte Veilchen waren das Üppigste, das sie sich gönnte.

Daran habe ich gedacht, als ich heute Morgen durch den Schönbrunner Schlosspark gelaufen bin. Die Sisi legte jeden Tag 20 Kilometer zu Fuß zurück, anfänglich noch von ihren Hofdamen begleitet, die aber bald nicht mehr mithalten konnten. Sie war begabt darin, Ungeliebtes abzuschütteln: Hüftspeck, Franz Josef und seinen Haus- und Hofdetektiv.

Die vielen Spiegel im Café Nil, die hätten ihr gefallen, da hätte sie sich ausreichend bewundern können. Ich hingegen weiche ihnen aus, rücke meinen Sessel so zurecht, dass mein Blick auf den weißen Mauerstreifen zwischen zwei Spiegeln fällt.

Die Marmortischchen sehen aus wie alte Nähmaschinen, *Singer* oder *Husqvarna*, mein kleines Teeglas kommt wohl aus Istanbul.

Das Kännchen Milch, das ich mir zum Tee bestellt habe, lasse ich unberührt. Ich vergesse einfach darauf. Das wäre Sisi nie passiert. Sie besaß sogar eine eigene Schönbrunner Kuh, die immer im kaiserlichen Tross mit ihr mitreiste.

Die kleine Zimmerpalme im Café erinnert mich an meine Nilkreuzfahrt, wo die Ufer von ihren großen Schwestern gesäumt waren.

Im Assuan-Stausee nehmen die Krokodile überhand.

Ob es die »Bar zum Krokodil« noch gibt, wo sich am Abend ganz Ägypten mit den Geliebten traf? Dort verkehrten Josef und der Pharao ganz inkognito und die Frau des Potifar pfiff auf ihre Sittsamkeit und machte sich einen Schlitz ins Kleid.

Nach der Niederschlagung des Arabischen Frühlings haben sie aber jetzt ganz andere Sorgen.

Mein Blick fällt auf das Reklame-Poster mit der Nil-Zigarette, nach der dieses Café benannt ist. Sie ist in Österreich nicht mehr auf dem

Markt. Das weitgehende Rauchverbot hat die zehn Gebote um ein elftes vermehrt: »Du sollst nicht belasten deines Nächsten Lunge*!«

Wieso wir weiterhin schädliche Abgase aus Schloten und Auspuffrohren einatmen dürfen, ist mir ein Rätsel, so wie das Stimmengewirr im Café Nil, aus dem ich nichts herausfiltern und dechiffrieren kann. Worüber unterhalten sich die Leute? Und verschlüsseln sie ihre digitalen Nachrichten in Hieroglyphen? Aber seit Champollion sie auf dem Stein von Rosette entziffert hat, dürften sie sogar die Geheimdienste schon lesen können, auch wenn sie keine Sprachwissenschaftler sind.

Warum im Café Nil die Wände lind-, statt nilgrün gestrichen sind? Wahrscheinlich hat der Maler und Anstreicher die Farbmischung nicht hingekriegt. Und ehrlich gesagt, ist der Nil so grün wie die Donau blau.

Orient im Okzident

* Lungenstrudel

Zutaten für 6–8 Portionen:

600 g Kalbsbeuschel (Lunge), ergibt gekocht 300 g
2 EL Öl
60 g Zwiebeln
2 Eier
100 g Wurzelwerk (Karotte, Petersilienwurzel, Sellerieknolle)
Salz
8 Pfefferkörner, schwarz
1 Lorbeerblatt
Pfeffer schwarz, gemahlen
Majoran, gerebelt
Petersilie, gehackt
1 Knoblauchzehe, zerdrückt
Strudelteig (selbstgezogen oder Fertigteig)

Zubereitung:

Lunge gut in kaltem Wasser wässern, mehrmals mit der Messerspitze anstechen, damit der Sud eindringen kann.

Mit Wasser, Salz, Lorbeerblatt, Pfefferkörnern und gewaschenem Wurzelwerk bedecken. Zugedeckt ca. eineinhalb Stunden langsam kochen, nach halber Kochzeit Lunge wenden.

Fertig gegartes Beuschel in kaltes Wasser legen, durchkühlen, grob faschieren.

Öl erhitzen, kleingeschnittene Zwiebeln anrösten. Faschierte Lunge beigeben, durchrösten, Petersilie und Knoblauch einrühren, mit Salz, Pfeffer, Majoran würzen, Eier unterrühren.

Strudelteig auf mit Mehl bestreutem Tuch ausziehen (bei Fertigstrudelteig diesen auf feuchtem Tuch ausbreiten).

Lungenmasse auf die vordere Teighälfte auftragen, den Strudel straff einrollen, mit bemehltem Kochlöffelstiel in Portionen abdrücken, dann mit Messer durchtrennen.

Den Strudel auf ein mit Trennpapier belegtes Backblech legen und, mit Butter bestrichen, im vorgeheizten Backrohr bei 220 Grad ca. 10–12 Minuten goldbraun backen.

Der Lungenstrudel ist eine klassische Wiener Einlage für Rindsuppe.

Ich öffne das Schlafzimmerfenster in den Hof und was sehe ich? Eine Ente, das Gefieder blau-weiß gefärbt, der Kopf grün, also ein Erpel. Ich war nie gut in Naturgeschichte, aber dass in der Vogelwelt die Männer das schönere Gefieder haben, ist auch mir nicht verborgen geblieben. Ganz anders als in der Menschenwelt, wo die Männchen graue Anzüge, Bluejeans oder braune Cordhosen tragen, die Weibchen hingegen Boutiquen aufsuchen, um sich aufzuplustern und Parfümerien, um in die Farbtöpfe zu greifen und Frisiersalons, um sich den Flaum am Kopf kunstvoll bearbeiten zu lassen.

Den Entenfrauen bleibt das erspart. Ich werde ein wenig neidisch. Aber andererseits die Brutpflege, die wenigstens habe ich mir erspart.

Der Erpel im Hof sitzt reglos, sein Hinterteil mir zugewandt. Auch ich starre wie gebannt auf ihn. Dann bewegt er seinen Kopf langsam zur linken und zur rechten Seite, sein gelber Schnabel verleiht ihm ein scharfes Profil. Ich bin erleichtert, er lebt.

Ob ich die Tierrettung rufen soll? Und ihm inzwischen ein großes Schaff mit Wasser hinstellen? Ich weiß nicht, wie lange Enten* außerhalb ihres natürlichen Elements lebensfähig sind. Sicher, ich habe sie auf Wiesen watscheln gesehen, doch immer in der Nähe von Gewässern.

Die Donau ist zwar nicht weit von hier entfernt, aber um dorthin zu gelangen, müsste die Ente erst die Engerthstraße und dann den Handelskai überqueren. Beide Straßen sind stark befahren. Dass sie überhaupt lebend hier angekommen ist! Ob sie den Fußgängerübergang mit Ampelregelung benutzt hat? Man liest ja immer wieder davon, wie viele Wildtiere in die Stadt ziehen und sich dem urbanen Lebensraum anpassen.

Gestern haben meine Freundin und ich in der Schönlaterngasse eine Maus huschen sehen, meine Freundin hat gequiekt. Ich habe sie ermahnt, die Maus nicht zu erschrecken.

Die Tiere ziehen in die Stadt, weil hier die Versorgungslage besser ist. Es landen in Österreich jährlich 157.000 Tonnen Lebensmittel im Müll. Die Tiere haben es nicht so mit der Naturromantik. Nahrung und Fortpflanzung sind ihre Prioritäten. Nur wir Menschen stellen uns vor, dass wir als Enten den Traunsee mit den Bergen an seinen Ufern oder den Lago Maggiore inmitten mediterraner Vegetation bevorzugen würden.

Wenn ich einen Vogelkäfig hätte, könnte ich den Erpel vom Hof zur Donau tragen. Soll ich zur Zoohandlung gegenüber laufen, um mir einen Papageienkäfig auszuborgen?

In meiner Ratlosigkeit rufe ich Edgar an.

»Es ist eine Flugente«, beruhigt er mich. Sie kann also die stark befahrenen Straßen fliegend überqueren.

Ich schaue wieder aus dem Fenster in den Hof. Der Erpel ist weg. Ich bin erleichtert, aber auch ein bisschen traurig. Wir hätten einen Biotop-Schwimmteich anlegen können, vielleicht wären dann noch mehr Enten gekommen. Doch dann denke ich an den Entenkot. Die Taubenplage hier ist schon schlimm genug. Ich habe auf meiner Loggia von einem Ende zum anderen eine Wäscheleine gespannt und auf dieser dicht an dicht Streifen aus Alufolie gehängt. Tauben mögen nichts, was glänzt und sich bewegt. Sieht zwar ziemlich gschnasig aus, vor allem im Sommer, aber es waren auch schon Freundinnen bei mir zu Besuch, zwei bildende Künstlerinnen, die meine Taubenabwehr für eine Installation gehalten haben.

In unserem Hof legen BewohnerInnen immer wieder Brotstücke auf den Rasen, um die Tauben zu füttern. Das Lied von Georg Kreisler »Tauben vergiften« kommt mir in den Sinn, aber ich möchte lieber die Futterspender als die Vögel vergiften.

Tauben sind übrigens sehr kluge Tiere. In Versuchen hat sich gezeigt, dass sie einen Rembrandt von einem Rubens und einen Miro von einem Monet unterscheiden können. Das traue ich den meisten Menschen, die sie füttern, nicht zu.

Ich schicke Edgar eine SMS, dass die Ente mich verlassen hat.

»Besser wäre ohnehin Turmfalke«, simst er zurück, »der frisst Taubeneier.«

Trotzdem bringt er mir eine Ente aus Murano-Glas mit. Ich bin so gerührt.

Und als wir im Bett liegen und ich schon in den Schlaf hinübergleite, schnattert er mir zärtlich ins Ohr. Auch als Vogelstimmen-Imitator ist er großartig.

»Mal sehen, ob morgen vielleicht ein Zebra im Hof steht, oder welche Tiere hast du denn noch gern?«

»Giraffen und Elefanten, aber am liebsten eigentlich Pinguine.«

Edgar seufzt.

Als ich aufwache, weil sich Kaffeeduft breit macht, liegt auf dem Kopfpolster neben mir der Bildband von Willy Puchner »Die Sehnsucht der Pinguine«. Ich blättere in dem Buch. Joe und Sally im Louvre vor der Mona Lisa, in Ägypten vor den Pyramiden, auf der Chinesischen Mauer …

Lange Zeit habe ich gedacht, dass der Fotograf mit zwei lebenden Pinguinen um die Welt gereist sei – ich bin, wie gesagt, nicht bewandert in Biologie –, und meine Enttäuschung war groß, dass die Pinguine aus Polyester waren.

Als ich den Vorhang vor dem Schlafzimmerfenster zur Seite schiebe, sehe ich einen Marienkäfer darauf krabbeln. Er fliegt kurz auf und setzt sich auf meine Hand.

Ich gehe ganz vorsichtig in die Küche, um Edgar meinen Besucher zu zeigen:

»Schau, wie lieb!«

»Na Gott sei Dank«, sagt er, »den Elefanten im Hof haben sie nämlich schon wieder nach Schönbrunn zurückgebracht.«

Tierliebe

* Entenbrustfilet mit Orangensauce

Zutaten für 4 Portionen:

4 Entenbrustfilets
1 Glas Rotwein
1 Orange (unbehandelt; Saft und Schale)
1 Lorbeerblatt
200 ml Orangensaft
1 Schnapsglas Zucker
roter Balsamico-Essig

Zubereitung:

Entenbrustfilets putzen, die Haut kreuzweise einschneiden.

Aus dem Rotwein, dem Saft und der Schale (dünn geschält und in feine Streifen geschnitten) der Orange, Salz und Pfeffer und dem Lorbeerblatt eine Marinade herstellen. Die Filets einige Stunden darin marinieren, öfter wenden.

Die Filets trockentupfen, scharf anbraten, und dann noch weitere 10–15 Minuten im Backofen bei ca. 160 Grad weitergaren. Herausnehmen, den Bratensatz entfetten.

Ein Schnapsglas Zucker in einer Pfanne hellbraun karamellisieren lassen, mit der Marinade ablöschen, den Orangensaft und den Bratensatz hinzufügen, aufkochen, mit etwas Balsamico-Essig abschmecken.

Entenbrustfilets in Scheiben schneiden, mit der Sauce servieren.

Dazu passen Rotkraut und in Butter leicht angebräunte Schupfnudeln.

ZARTBITTERSCHOKOLADE

Ein Apfel fällt vom Baum. Alle Äpfel fallen vom Baum. Vorüber, vorbei der Sommer. Alle Sommer gehen vorbei. Eine kurze Zeit der Ernte. Ich lege die Äpfel in die Steigen im Keller. In allen Kellern Steigen voller Äpfel. Meine Mutter verarbeitet sie zu Apfelmus oder Kompott. Alle Mütter fabrizieren Apfelmus und Kompott. Mein Vater dörrt Apfelspalten. Alle Väter dörren Apfelspalten. Und die Tochter und der Sohn? Alle Töchter meiden das Haus. Töchterlos alle Häuser. Alle Söhne fahren Motorrad. Unversöhnt alle Häuser.

Was wird sein, wenn die Töchter Mütter und die Söhne Väter sind? Faulende Äpfel im Gras. Würmer und viele Wespen, leere Steigen im Keller. Leere Einmachgläser. Winter ohne gedörrte Apfelspalten. Diese Vision ist düster. Alle Visionen sind düster. Nein, manche Visionen sind rosarot: Wege ins Paradies. Alle Paradiese sind religiöse Verheißungen. Der liebe Gott ist mein Stiefvater. Das Paradies ist ein Apfelbaumgarten. Weiße Blüten im Frühling, rotbackige Äpfel im Herbst. Die Engel rütteln und schütteln die Bäume. Nur der Baum der Erkenntnis trägt keine Früchte mehr. Josef zimmert die Steigen, die Engel blasen die Einmachgläser. Gestapelte Steigen wachsen in den Himmel, alle Regale sind gefüllt.

Am Himmelstor stehen die Wächter: »Warst du auch immer häuslich, hast du auch immer Äpfel geschält?«

Die Hölle ist ein einziger Misthaufen mit faulenden Äpfeln, aus denen die Würmer kriechen, und Trauben von Wespen daran. Eine Wespe wird mich stechen. Alle Wespen werden mich stechen. Ich werde Höllenqualen leiden, und nirgends ist essigsaure Tonerde zu bekommen oder Kalzium, nur mit einem Apfelschäler in der Hand. Alle armen Sünder sitzen in der Hölle und schälen Äpfel. Das Apfelmus* steht ihnen bis zum Hals. Überall Scherben von zerbrochenen Einmachgläsern und keiner kehrt auf und wir sind alle barfuß. Das Jüngste Gericht war ein Scherbengericht. Wir blicken auf die Trümmer unserer irdischen Existenz und verfluchen die Ewigkeit. Alle Teufel fahren Motorrad. Die Teufelsgroßmutter sticht die Äpfel aus, die Strünke kriegen wir morgen zum Frühstück, derweilen die da oben in zehntausend Meter Höhe Apfelmost aus Tonkrügen trinken. Alle Seligen flattern beschwipst zwischen den Wolken, alle Verdammten winden sich in Bauchkrämpfen. Einen Seligen erkennst du an seinen Apfelbäckchen, einen Verdammten an seinen eingefallenen Wangen.

Ein Apfel fällt vom Baum

* Apfelmus

Zutaten für 4 Portionen:

1 kg Äpfel
2 Vanilleschoten
80 ml Wasser
2 Zimtstangen
½ Zitrone
2 EL Zucker

Zubereitung:

Äpfel waschen, schälen, vierteln und das Kerngehäuse entfernen. Wasser in einem Topf mit den Vanilleschoten, Zucker und Zimtstangen zum Kochen bringen. Die Äpfel in kleine Stücke schneiden, mit Zitrone beträufeln und 15 bis 20 Minuten auf niedriger Stufe köcheln lassen, danach die Vanilleschoten und Zimtstangen entfernen. Anschließend mit einem Pürierstab zerkleinern und warm oder kalt servieren.

Als ich ankam, standen sie im Garten, zwei kleine Sonnen. Schwedischer Sommer mit klarem Licht. Kinder auf der Schaukel flogen in den Himmel und kamen zurück. Hummelgetummel und Katzengeschleich.

Sie wuchsen heran wie starke Sonnen im Zenit. In einer Ecke des Gartens reiften die Himbeeren.

Vollgestopfte, verschmierte Münder. Satt, so satt.

Dann wurde es kühler. Ihre, braunen pelzigen Leiber schwollen an, sie verloren ihren Strahlenkranz. Abgenagt von der Zeit. Sie ließen die Köpfe hängen. Matt, so matt. Die Nächte wurden länger und dunkler ihr Blau. Vom Gartenzaun splitterte der Lack ab. Der wilde Wein an der Mauer färbte sich rot. Sonnenblumenuntergang.

Ich packte meine Koffer.

Mein Sommer in Schweden

Es war einmal eine junge Frau, die ging in den Wald und als sie wieder herauskam, war sie alt.

Sie war die ganze Zeit im Wald? Nein, halt!

Es war einmal eine junge Frau, die ging in den Wald und fand einen Mann. Fürs Leben? Nein, aber für viele Jahre.

Damals hatte sie dunkle, heute hat sie weiße Haare.

Warum erzähle ich dieses Märchen? Ach ja, es war in Donnersbachwald. So heißen Orte bei den Gebrüdern Grimm. Verzauberte Orte. Mit Märchenprinzen.

Mein Märchenprinz kam nicht zu Pferd, sondern auf Schiern. Es war ein Wintermärchen. Weihnachtsferien. Schikurs. Und Glühwein im Gasthof Gürtler. So weiß wie Schnee, so rot wie Blut. »Wennst heiratst, wird's gut!« Wir haben geheiratet. Lang war es gut. Dann nahm er den Hut.

Nach mehr als einem halben Leben bin ich wieder nach Donnersbachwald gekommen. Die Pisten sind jetzt braun, nur die Berggipfel immer noch weiß. Zipfelmützen als Erinnerungsstücke.

Damals auf dem Schikurs unterhielt ich im Turnsaal der Dorfschule vier, fünf Schulklassen mit Liedern und Spielen.

Heute unterhalte ich im Seminarhotel TeilnehmerInnen. Ich bin eine Unterhalterin geblieben.

Damals hat einer »I can't get no satisfaction« gesungen. Wie wahr! Satisfaction? Only on the run.

Es rollen die Steine am Grunde des Baches. Ein Fisch ist erfroren. Ich habe kein Kind geboren.

Die kleinen Bäume sind groß geworden und die großen alt.

Donnersbachwald

Nach meinem Schiurlaub im März werde ich stets ein wenig hektisch. Leuchtende Forsythien und erstes Grün in den kahlen Ästen der Bäume treiben mich zur Eile an. Wer jetzt nicht putzt, der lässt es lange bleiben. Also rasch noch das Wichtigste erledigt, bevor der Flieder in den Zweigen blüht und der Himmel voller Geigen hängt. Denn dann hält mich nichts mehr im Haus.

Ich hole mein Fahrrad aus seinem Winterverlies, in dem es sich die Spinnen gemütlich gemacht haben, pumpe Luft in die Reifen und gönne der Fahrradkette ein paar Tropfen Öl.

Auch zu den ersten Gartenfesten wird man eingeladen. Dieses wunderbare Gemisch aus Rauch vom Holzkohlengrill und Blütenpollen. So prall ist die Welt.

Am 21. Juni träume ich mich stets nach Schweden zum Mittsommernachtsfest mit Kreistänzen und Blaubeer-Waffeln*. Edgar, der mich mit einer Fahrt zu Ikea trösten, eigentlich abspeisen will, strafe ich mit Verachtung. Auch finde ich es gemein, dass er nie verabsäumt zu bemerken, nun würden die Tage wieder kürzer.

Die Tage werden nicht kürzer, sondern heißer. »Ein Hoserl und ein Kleiderl sind all mein Sommergwand«, singe ich. In der Nacht bedeckt nur ein Leintuch meine Blöße. Endlich in den Tropen angelangt!

Das Leben verlangsamt sich. Die Stadt ist eine einzige Baustelle. Die Touristen tummeln sich auf dem Graben. Ja tummeln, denn als Städtetourist hat man keine Zeit. Wird von Fremdenführerinnen mit erhobenem, wenn auch abgespanntem Regenschirm vom Stephansdom zur Karlskirche gehetzt und ermahnt, sich nicht allzu lang bei der Pestsäule aufzuhalten, denn schließlich muss man auch noch nach Schönbrunn und das Schloss ist groß.

Ob die Wien-Besucher jetzt lieber an einem Strand liegen würden oder zumindest auf einer schattigen Parkbank sitzen? Aber Pflicht ist Pflicht und das Boudoir von Sisi, in dem sie jeden Morgen besorgt auf die Waage stieg, muss natürlich besichtigt werden.

Apropos Boudoir. Ich sollte dringend meinen Badezimmerspiegel von den Zahnpastaspritzern befreien. Auch die Staubflankerln im Rest der Wohnung vermehren sich rapide. Die E-Mails kann ich ja, Smartphone sei Dank, im Strandbad checken, doch meine papierene Post stapelt sich seit Tagen ungelesen auf dem Schreibtisch. Vermutlich sind ein paar Zahlscheine darunter. Die Menschen, die die Mahnungen schreiben, sind ohnedies in den Sommerferien, beruhige ich mich.

Mein Schuster hat sein Geschäft zugesperrt. Auf schief getretenen Absätzen schleppe ich mich ermattet durch die Tage und Nächte und ertappe mich dabei, wie ich mir wirbelnde Schneeflocken vorstelle und eine dünne Eisschicht auf der Alten Donau. Ich werde mir im Teehaus Haas & Haas »Petersburger Schlittenfahrt« besorgen und auf meinem Balkon einen Speckring mit Kernen für die Vögel aufhängen, diesmal rechtzeitig Frostschutzmittel in die Scheibenwaschanlage meines Autos einfüllen und mir vor dem Schlafengehen ein heißes Bad einlassen.

Schlafen, ach schlafen. Früh werde ich unter meine Daunendecke kriechen. Der lange Schlaf sowie mein Friseur und meine Kosmetikerin, aus dem Urlaub zurückgekehrt, werden mich in eine Winterschönheit verwandeln, unterstützt von dem von Tante Frieda ererbten Pelzmantel.

Einstweilen genügt noch ein dünnes Jäckchen zur Abendzeit, die aber immerhin schon um 20.00 Uhr anbricht. Um Himmelswillen, der Sommer geht zu Ende, also wirklich, das habe ich nicht gewollt.

Rastloser Sommer

* Blaubeerwaffeln

Zutaten für 8 Portionen:

125 g weiche Butter
90 g Staubzucker
Salz
2 Eier
250 g Mehl
1 TL Backpulver
200 ml Buttermilch
150 g Blaubeeren
2 EL Speisestärke
Öl
125 ml Karamellsauce

Zubereitung:
Butter, 80 g Staubzucker und 1 Prise Salz mit den Quirlen des Handmixers 8 Minuten cremig schlagen. Eier nacheinander unterrühren. Mehl und Backpulver mischen und abwechselnd mit der Buttermilch unterrühren. Den Teig 20 Minuten ruhen lassen. Gefrorene Blaubeeren mit Stärke mischen und vorsichtig unter eine Hälfte des Waffelteigs heben. In einem erhitzten und geölten Waffeleisen 4 Waffeln nach Geräteanweisung backen. Die übrigen Blaubeeren unter die zweite Teighälfte heben und ebenso zu 4 Waffeln verarbeiten. Mit 10 g Staubzucker bestreuen und mit Karamellsauce servieren.

»Sehr gute Wahl«, sagt meine Schwester, als Edgar wieder in der Küche verschwindet.

Ich bin mir nicht sicher, ob sie Edgar oder die Marillenknödel* meint.

Seit langem in Arizona lebend, gilt ihr Heimweh vor allem Marillen- und Germknödeln, Schweinsbraten und Extrawurst.

»So viel kannst du nicht essen«, habe ich ihr gesagt, als sie sich bei Edgar zehn Marillenknödel bestellt hat, aber sie hat darauf bestanden.

»Vielleicht hab ich mir zu viel vorgenommen«, stöhnt sie nun mampfend nach dem sechsten Knödel.

»Vielleicht zwischendurch ein Essiggurkerl?«, schlage ich vor. Aber sie macht sich bereits über Nummer sieben her. Nach dem zehnten Knödel sackt sie in sich zusammen.

Zum Glück haben wir Bruno, den Chirurgen, auch eingeladen. Wir räumen den Tisch ab, tauschen aus Hygienegründen das schon etwas befleckte Tischtuch gegen ein frisches Leintuch aus und ich schiebe meiner bewusstlosen Schwester ein Polster unter den Kopf.

»Soll ich ein Stanley-Messer holen?«, fragt Edgar.

Ich plädiere für die konservative Methode.

»Na gut, probieren wir's halt«, sagt Bruno etwas enttäuscht.

Er tätschelt meiner Schwestern kräftig die Wangen, dass sie zu sich kommt und drückt mit sachkundigem Griff auf den Bauch.

»Mund auf«, sagt er.

Upps, ein Marillenknödel kullert aus ihrem Mund und gleich darauf ein zweiter.

»Halt!«, rufe ich und decke Bluse und Rock meiner Schwester mit Stoffservietten ab.

Wir richten ihren Oberkörper in eine steilere Lage und Bruno drückt wieder auf ihren Bauch. Knödel drei und vier folgen.

Meine Schwester ist ganz rot im Gesicht, auf ihrer Stirn haben sich Schweißperlen gebildet. Aber sie behauptet, dass es ihr jetzt besser geht, sodass Bruno seine ärztliche Intervention beenden kann.

»So etwas ist mir noch nie passiert«, sagt meine Schwester und schüttelt traurig den Kopf.

Wir decken den Tisch neu und Edgar trägt eine Käseplatte mit Nüssen und Weintrauben auf.

»Käse schließt den Magen«, ermuntert er uns.

Auch meine Schwester langt wieder zu. »Der Gruyère ist spitze«, sagt sie zufrieden.

»Kräftig mit Rotwein nachspülen«, empfiehlt Bruno.

»So ein Jammer«, sagt meine Schwester, »da bin ich einmal in Wien und kann mich nicht mit Marillenknödeln satt essen.«

Wir vertrösten sie auf den morgigen Schweinsbraten. Da lächelt sie wieder. Ganz glücklich sieht sie aus.

»Dass du so schlank bist«, sagt Edgar, der sein Bäuchlein diszipliniert abhungert, zu ihr und mit einem Seitenblick auf mich, »das liegt bei euch wohl in der Familie.«

Er beklagt sich, dass er große Mengen an Kalorien erfolglos in mich investiert, die gewünschten Rundungen wollen sich nicht einstellen.

Als Fehlinvestition bekomme ich sofort Schuldgefühle, die ich in einem weiteren Glas Rotwein ertränke.

Gier

* Marillenknödel aus Topfenteig

Zutaten für 4 Personen (ca. 16–18 Stück):

400 g Topfen (10 % Fettgehalt)
150 g glattes Mehl
60 g Butter, handwarm
1 Ei
1 Eidotter
Schale einer unbehandelten halben Zitrone, gerieben
Prise Salz
16–18 Marillen
16–18 Stück Würfelzucker
150 g Butter
130 g Semmelbrösel
Staubzucker zum Bestreuen

Zubereitung:
Topfenteig: Butter mit Salz und Zitronenschale schaumig rühren. Ei und Eidotter untermengen. Mehl und Topfen beifügen und zu einem glatten Teig kneten. Eine gute halbe Stunde im Kühlschrank ruhen lassen.

Marillen waschen und abtrocknen. In der Hälfte öffnen (nicht ganz halbieren), Kern entfernen und den Würfelzucker in die Frucht geben.

Aus dem Teig eine ca. 5 cm dicke Rolle formen, in Scheiben schneiden. Diese flach drücken und Marillen darin einhüllen, zu Knödeln formen, in siedendes Wasser einlegen, zart wallend weich kochen, leicht mit Kochlöffel anstoßen, damit sich die Knödel wenden. Garzeit je nach Größe 12–15 Minuten.

Einstweilen Butter in einer Pfanne schmelzen, Brösel einrühren und goldbraun rösten. Knödel aus dem Wasser heben, abtropfen lassen, in Bröselbutter wälzen und mit Staubzucker bestreuen.

Der Beruf prägt den Menschen, sagt man. Es soll Fälle geben, in denen die Berufe die Ausübenden nicht nur formen, sondern geradezu deformieren.

Als ich als Kind im Prater auf die Luftballonfrau zuging, staunte ich nicht schlecht, als sie sich inmitten ihres bunten Ballonstraußes, den sie an den Schnüren hielt, immer mehr aufblähte, ihre Haut wie der Gummi ihrer Ware wurde, ihr Inneres sich im Helium verflüchtigte und sie kugelrund zusammen mit Ihresgleichen in den Himmel aufstieg. Ich hielt das für einen atemberaubenden Zaubertrick.

Als ich viele Jahre später meine Wohnung einrichtete und einen Tischler bestellte, fielen mir zunächst seine hölzernen Bewegungen auf, ausgeführt von Gliedmaßen, die an Tischbeine erinnerten. Sein polierter Holzkopf war mit Sägespänen statt mit Haaren bedeckt.

Oder am Naschmarkt-Stand. Der Händler mit Arcimboldo-Kopf aus verschiedenen Gemüsesorten zusammengesetzt, der Hals ein Hokkaido-Kürbis, der Bauch eine Wassermelone, die Ober- und Unterarme je eine Zucchini und die Ober- und Unterschenkel Gurken. Die Füße Süßkartoffeln.

Und der Konditor in Gestalt eines lebensgroßen rosa Marzipan-Schweines, das sich geschickt auf seinen Hinterbeinen zu bewegen wusste und geschäftig mit seinem Ringelschwänzchen wedelte.

Aber immer noch appetitlicher als der Fleischhauer mit seinem Schafskopf, dem Schweinsrippen-Brustkorb, den Stelzen und den Rehbeinen – eine gewisse Missproportion. Alles Blut war aus ihm gewichen, vermutlich hatte er es schon in einem Bottich für die Zubereitung von Blunzen* gesammelt.

Kürschner in Seehundsgestalt. Schuster mit Lederhaut. Putzfrauen als Besenstiele über die Gänge fegend. Computerfachleute mit Rechnercorpus, Gesichtern wie Flachbildschirme und Kabel hinter sich herschleifend. Geografielehrer mit Globen als Köpfe und Brustkörben flach wie Atlanten, in denen dort, wo das Herz schlug, eine Kompassnadel zittert. Turnlehrer, die sich als Sprungkästen schwerfällig durch die Straßen schieben. Musikanten mit Trommelschlegeln als Finger. Puppenspieler als Puppen. Kunstmaler als lebensgroße, farbbekleckste Pinsel.

Und am Land die Heumännchen mit den Traktoren die Felder pflügend.

Da sag noch einer, dass Menschen nicht in ihren Berufen aufgehen.

Metamorphosen

* Blunzengröstl

Zutaten für 4 Portionen:

500 g feste Blutwurst
1 kg Erdäpfel (vorwiegend festkochend)
1 Zwiebel
Salz
Pfeffer
Butterschmalz
Petersilie
Kren (gerieben)

Zubereitung:

Für das Blunzengröstl die Erdäpfel kochen, schälen und in ca. 5 mm dicke Scheiben schneiden. Größere Erdäpfel kann man auch zuerst der Länge nach halbieren.

Das Butterschmalz in einer beschichteten Pfanne erhitzen und die würfelig geschnittene Zwiebel hineingeben. Anschwitzen und die Erdäpfelscheiben hinzufügen. Bei relativ hoher Temperatur leicht anbraten und dabei ab und zu vorsichtig wenden, damit die Erdäpfelscheiben nicht zerfallen.

In der Zwischenzeit die Blutwurst von der Haut befreien, in kleinere Stücke schneiden und nach ca. 5 Minuten zu den Erdäpfeln geben. Bei mittlerer Temperatur noch einmal ca. 5 Minuten in der Pfanne lassen und ab und an vorsichtig wenden. Am Schluss mit Salz und Pfeffer abschmecken und vorsichtig die gehackte Petersilie untermengen.

Mit geriebenem Kren bestreuen und das Blunzengröstl sofort servieren.

Achtung fertig los! Was schreib ich bloß aufs nackte Papier. Ich schreibe immer auf lose Blätter, ungebunden, nie in ein Heft, das meine Wörter verhaftet und einsperrt. Das ist mir zu heftig. Ich hab's lieber luftig wie ein Windhauch, aber bitte kein Sturm, der mir die Blätter vertreibt, so dass nichts bleibt und ich meinen Sätzen hinterherhetzen muss. Barfuß renn ich auf der Straße. Autogehupe, »Geh schleich di, Puppe!« Na wenigstens nicht »Trampel« trotz roter Ampel für die Fußgänger.

Ein Pfarrer erheischt mein Blatt, den schickt der Himmel, dem sei Dank trotz Glockengebimmel, das mich nervt, wenn ich schlafen will. Ein ordentlicher Christenmensch ist ein Early Bird, aber ich will keinen Wurm fangen, ich mag nur Wörterschlangen. Mit langen Stangen fangen die Kärntner Schlangen. Nach der letzten Landtagswahl kann ich mein geliebtes Kärntner Brot essen ohne schlechtes Gewissen nach jedem Bissen.

Jetzt ist mir der Faden gerissen, nein nur weitergesponnen hab ich ihn wie eine Spinne. Mir graut, ich habe Arachnophobie. Also zurück auf meinen Diwan, auf dem ich schreibe, wenn auch nicht westöstlich. Er steht partout nordsüdlich, hoffentlich ist das nicht kontraproduktiv. Ich produziere vor mich hin, ganz automatisch, das ist mein Sinn und dann gibt mir einer Kontra. »Das hat keinen Sinn«, sagt er, »das bringt keinen Gewinn«. »Écriture automatique«, sage ich, was heißt, ich sage, das ist ja schon mehr ein crie. »Surrealismus«, schreie ich, »André Breton«, aber wer denkt, er geht jetzt in die Knie, der irrt. Er sagt bloß ganz süffisant »so so«. Saufen, ich sollte mehr saufen sonst wird nie ein Künstler aus mir und ich bleibe immer nur eine Künstlerin. Hemingway, der ging seinen Weg, nein der schwamm im Whisky, nicht nur im Mojito in *La Bodeguita* und im Daiquiri in *El Floridita*. Ich habe in Havanna auf der Buchmesse gelesen. Hugo Chavez ist auch dort gewesen, auf dem Ehrenplatz neben Fidel Castro gesessen und wo sind sie jetzt? Im Arbeiterparadies, sich die Radieschen von unten ansehen, wie man hierzulande sagt. Wir sind halt ziemlich erdig, ein Land der Schrebergärten. Oh Göttin, ich hab ein Fragezeichen gesetzt. Das unterbricht den Automatismus der Écriture, das ist streng verboten und alle toten Surrealisten spucken jetzt aus ihren Gräbern auf mich und nun muss ich meinen Schreibfluss erst recht unterbrechen, um mir das Gesicht zu waschen. Das macht ihnen aber noch mehr Verdruss. Banausin, Banausin tönt's gar grausig aus den Grüften, aber statt zu erschauern bekomm ich Gusto auf eine Jause und schäle mir eine Banane. Ein echter Poet würde wohl lediglich nach ein paar Weintrauben in der Obstschale auf seinem Schreibtisch greifen, doch ich tröste mich mit Schiller über meine Banane, ich meine Banalität hinweg, der faulende Äpfel in seiner Schreibtischlade zu seiner Inspiration aufbewahrte. Vergorene Äpfel zeugen von einem sehr verhaltenen uneingestandenen Alkoholismus, während Goethe schamlos Weinflasche um Weinflasche leerte, aber der war auch faustisch mit dem Teufel im Bund. Von Aristoteles zu Mephistopheles, typisch Faust halt oder typisch Mann. Erst die Denkerstirn in Falten legen und dann den mind between his legs absacken lassen. Was war doch Goethe, pardon, für ein alter Sack, als er Marianne von Willemer titulo Suleika als seine Muse benutzte. Ob er nur mit ihr schmuste oder sie ihm auch sonst zu Willen war, weiß ich nicht. Wenigstens hat er sie nicht geschwängert, wie sein Alter Ego Heinrich das Gretchen, sondern ihr »nur« ein paar Gedichte gestohlen. Die Anführungszeichen müssen jetzt sein, weil es besonders schöne Gedichte waren, mit denen er seinen Diwan ausgepolstert hat. Goethe war nicht nur ein Dichter, sondern auch ein Polsterer, ein Universalgenie eben. Was ich noch sagen will von wegen altem Sack: Ich will alte Menschen nicht diskriminieren, das wäre ja Selbstbeflegelung, aber ich schimpfe auf den Machismo. Hähne mit dick geschwollenem Kamm fand ich immer schon lächerlich und ihr Kikeriki als schwere Belästigung. Muss man so früh krähen, nur um der erste zu sein, diesmal ohne Fragezeichen, denn das beantwortet sich von selbst, automatisch sozusagen.

Écriture automatique

Sitzt man nicht gerade erfolglos am Rande eines Eislochs beim Fischen oder schleppt sich windgebeutelt durch dürres Steppengras, nachdem das Pferd verendet ist, strotzt die Welt vor Üppigkeit.

Apfelbäume, die sich biegen unter der Last ihrer Früchte, Brotlaibe, die sich in den Bäckereien bräunen, Regenwürmer im fetten Erdreich des Speckgürtels der Stadt, bärlauchgeschwängerte Luft im Wienerwald.

Nur mir verdorrt die Schreibhand.

Die Musen sind Biester, zu manchen legen sie sich ins Bett und schmusen mit ihnen, als gäbe es kein Morgen, anderen spucken sie in die Suppe.

Zum Glück gibt es auch noch andere Inspirationsquellen: Ich schenke mir ein Glas Rotwein ein und los geht's:

1000 Saxophonisten ziehen über die Ringstraße und blasen, was ihre Lungen hergeben. Auf dem Schwarzenbergplatz brechen die in vielen Farben leuchtenden Fontänen des Hochstrahlbrunnens alle Höhenrekorde, im Haus der Industrie zerbersten die Fensterscheiben, beim McDonald's springt die Tür auf und es hagelt Pommes Frites. Auf dem Heldenplatz fällt Erzherzog Karl vom Pferd und zerbirst in Scherben, nur Prinz Eugen kann sich aufrecht im Sattel halten. Auf der Höhe der Oper scheuen die Fiakerpferde und verfallen in wilden Galopp, der D-Wagen entgleist und vor dem Parlament sieht sich Pallas Athene genötigt, ihren Helm zurechtzurücken. Die Börse bricht ein und begräbt das teuerste Blumengeschäft von Wien. Das *Prückel* lasse ich stehen, vielleicht versuch ich's ja noch mit Kaffeehausliteratur.

Immer wilder kritzel ich Buchstaben aufs Papier, die üblicherweise nicht benachbart sind. »Dada is baba«, zischt mir das D zu. »Gaga«, spottet G. »Geht's scheißen«, würde Wolfgang Bauer schreiben, doch der hat schon lange sein letztes Glas getrunken, sein letztes Wort geschrieben. Auch mein Glas ist leer, nicht aber die Flasche.

Nach dem nächsten Schluck hab ich eine geniale Idee. Eine Fee, eine Fee muss her. Wasserfee geht an Lee. Ein hungriges Reh frisst Klee an den Ufern der Spree. Da fällt Schnee. »Na geh«, sagt die Fee und erschießt das Reh. Böse Fee. Armes Reh. Ich beginne zu weinen, weil ich an Bambi denken muss, ein cineastisches Kindheitstrauma. Ich suche Trost bei der Flasche, die mir ihr Letztes gibt. »Is eh nur a Schmäh«, sagt der Geist, der ihr nun entweichen kann. »Na dann«, sage ich erleichtert und beschließe, künftig Rehe und Feen auf Abstand zu halten. Auch, es nicht unbesonnen schneien zu lassen.

»Du bist mir eine schöne Fee«, sage ich, während ich sie dick durchstreiche und das Reh zärtlich ausmale. Und die Schneeflocken? Die sind eh schon zergangen.

Schreibrausch

Der Wind oder ein Kind hat Page 1 der *Arizona Republic* von June 23, 2014 zerfetzt.

FIT TO BE ... lese ich auf einem Zeitungspapierschnitzel.

Fit to be what?

Oh, ginge doch alles in Fetzen, wofür wir fit sein müssen! Schere er sich zum Teufel, der Gott der Fitness mit seinen Hanteln, Expandern, Laufbändern, Steppern, räume er die Hölle mit diesem Gerümpel voll.

Spritze er der Teufelsgroßmutter Botox in die Zornfalte auf der Stirn, Hyaluron in die eingefallenen Wangen, Silikon in die welken Brüste, speise er sie mit Kohlsuppe, einer Scheibe Knäckebrot ab und was sonst noch alles schlank macht.

Soll er doch ihre Effizienz mit Time-Management steigern, ihre Stimme mit logopädischen Übungen wie »Abraham a Santa Clara« bilden, Konfliktmanagement inkludiert, falls der Höllenfürst ausrastet, Mimik und Gestik für »Ihr Auftritt, bitte!« schulen. Viel Spaß auch beim Gedächtnistraining und beim Führungskräfteseminar.

Wenn Teufels Großmutter, aufgepeppt wie eine Vierzigjährige in der Blüte ihrer Jahre, fit wie ein Turnschuh, ihre Enkelkinder vom Taekwondo abgeholt, mit Biogemüse und Vollkornkeksen gefüttert, sie gebadet, zu Bett gebracht und ihnen noch schnell ein paar Märchen aus »Fit for Life« vorgelesen hat, gibt's zur Belohnung Work-Life-Balance. Nun endlich kann sie sich auf der Suche nach der verlorenen Zeit mit Marcel Proust amüsieren und anschließend mit ihrem Teufelskerl noch ein gepflegtes Gespräch über die Chaos-Theorie führen, sich ihm letztlich mit Tantra-Yoga, wie sie es an der Volkshochschule so brav geübt haben, hingeben und ihr heißes Höschen abstreifen.

Ich aber, wild entschlossen, dieser Hölle zu entfliehen, lege mich in die Hängematte. Meine wilde Entschlossenheit schwindet mit den sanften Schaukelbewegungen, geht in wohlige Trägheit über und ich fühle mich seit langem erstmals wieder fit für die Muße. Ich lausche dem Wind, diesem himmlischen Kind, und starre Löcher in die Luft, bis meine Augenlider schwer werden. Edgar, als Beduine verkleidet, streicht mir mit seiner Hand über die Wange und stopft mir ein Bonbon in den Mund. Das Nougat schmilzt auf meiner Zunge.

»Nachtigall, ik hör dir trapsen«, sagt mein Wüstensohn und seit einer Ewigkeit lache ich wieder im Schlaf.

Fit

Warum wird, um einschlafen zu können, empfohlen, Schäfchen* zu zählen und zur besseren Kontrolle über eine Hürde springen zu lassen?

Wir könnten doch ebenso Elefanten auf ihrem Trampelpfad durch die Savanne zählen. Vielleicht deshalb nicht, weil sie anfangen könnten zu trompeten oder uns mit ihrem Rüssel, den sie in einen Tümpel getaucht haben, nass zu spritzen.

Und Gänse auf ihrem Marsch? Sie könnten schnattern und haben scharfe Zähne.

Müssen es überhaupt Tiere sein? Wie wäre es mit Wäschestücken an einer Leine? 10 Unterhosen, 3 BHs, 6 Paar Socken, 4 Sommerkleider, 1 Bikini, 2 Leintücher, 6 Handtücher, 1 Tischtuch, 6 Servietten. Aber die meisten Menschen haben ja heutzutage einen Wäschetrockner.

Erbsen zählen könnte sich mit der Zeit negativ auf den Charakter auswirken und die Punkte auf einem Marienkäfer zu zählen, ist zu anstrengend und macht nervös.

Regentropfen, die in einer Tonne gesammelt werden, könnten die Blase anregen.

Ich habe mir Wörter vorgestellt und es mit Rückwärtslesen versucht, um mich zu ermüden: EZTARTAM, DNOMLLOV, RETSLOP, EDÜM, KISUMTHCAN. Am Anfang hat mich das so angestrengt, dass ich tatsächlich irgendwann in das Niemandsland zwischen Wachzustand und Schlaf glitt. Niemandsland? Seltsame Wesen aus fremden Welten umkreisten mich. Die einen zerrten an mir: Hiergeblieben! Die anderen stießen Lockrufe aus und deuteten mir, ihnen zu folgen. Mal gewannen die Gefängniswärter, mal die Befreier.

Aber mittlerweile habe ich schon so viel Übung im Rückwärtslesen, dass es nicht mehr wirkt. Dass ich manchmal sogar am Tag versehentlich rückwärts spreche und meine Mitmenschen mit NEGROM NETUG grüße. Im Allgemeinen wird das als geistige Verwirrtheit interpretiert und meinem Schlafmangel zugeschrieben.

Man empfiehlt mir, Schäfchen zu zählen.

Beim 1.738sten Schaf wurde ich so zornig, dass ich es schlachtete. Ich habe gar nicht gewusst, dass ich zu so einer Bluttat fähig bin.

Seiher zähle ich nur noch die Kirschen am Baum und ernähre mich zur Buße vegetarisch.

Schlachtung

* Mariniertes Lammkarree

Zutaten für 4 Portionen:

6 Lammkarrees (küchenfertig)
Olivenöl zum Anbraten
je eine Prise Salz und Pfeffer

Für die Marinade:

1 EL Balsamico-Essig
3 EL Olivenöl
3 EL Rosmarin (frisch, fein gehackt)
je 1 Prise Salz und Pfeffer
1 EL Zitronensaft
1 Zwiebel

Zubereitung:

Für die Marinade: Rosmarin fein hacken. Eine Zwiebel schälen und fein würfelig schneiden. Zusammen mit Olivenöl, Balsamico-Essig und Zitronensaft, Salz und Pfeffer in einer großen Schüssel vermischen und beiseite stellen.

Mit der Marinade die Lammkarrees einstreichen und auch diese mit Salz und Pfeffer würzen. Eine große ofenfeste Form bereitstellen und die kurz in Olivenöl von beiden Seiten angebratenen Lammkarrees hineinlegen. Das Backrohr auf 180 Grad aufheizen und dann das Fleisch in das Backrohr schieben. Die Karrees von beiden Seiten etwa 10 Minuten braten lassen. Immer wieder großzügig mit der Marinade übergießen und weitere 10 Minuten im Bratensaft garen. Am Ende der Bratzeit entnehmen, in Alufolie wickeln und für 5 Minuten ruhen lassen, danach auf Tellern anrichten. Den Bratensaft aus der Ofenform in eine kleine Bratensaftschüssel leeren und mit dem Fleisch servieren.

Die Lammkarrees mit Gemüse wie Erdäpfel, Paradeiser etc. oder Basmatireis als Beilage anrichten.

Nein, nicht jetzt bitte! Eben noch streckte der mondbeschienene Baum seine Äste durch das geöffnete Schlafzimmerfenster und liebkoste mich mit seinen Blättern.

Da singt Halim, mein Nachbar vom 2. Stock, Tür Nummer sieben schräg gegenüber, »Alles schweiget, Nachtigallen locken mit süßen Melodien Tränen ins Auge, Schwermut ins Herz«, und vorbei ist es mit der Ruhe. Von wegen »alles schweiget«.

Mein Nachbar, Countertenor aus Bagdad, ist nach Österreich ausgewandert, da das einst rege Kulturleben im Irak, wie er sagt, völlig verarmt. Musiker würden bedroht, denn westliche und zeitgenössische Musik sei bei islamistischen Kräften im Irak unerwünscht.

Jetzt singt Halim sogar in Opernhäusern, wenn die entsprechende Stimmlage gefragt ist.

Mich freut das für ihn, dass er sich seinen Lebensunterhalt in Freiheit mit seiner Kunst verdienen kann, aber ich persönlich habe nicht viel für Opern übrig. Ja, vielleicht einmal die eine oder andere Arie, aber …

Vielleicht war es ja auch umgekehrt: Ich habe im Schlaf gesungen, ihn aufgeweckt und er hat dann in den Gesang eingestimmt, zumal es sich um einen Kanon handelt.

Nun bin ich nicht nur wach, sondern auch hungrig. Ich durchforste das Innenleben meines Kühlschranks und koche mir Weißwürste. Weißwürste um 02:23 Uhr! Wenn ich ein Bier dazu trinke, werde ich vielleicht wieder schläfrig. Hoffentlich.

Wie viele Punkte die Weißwürste, eine Scheibe Brot und eine Flasche Bier wohl haben? Seit Halim zu den Weight Watchers geht, weiß ich, dass die keine Kalorien, sondern Punkte zählen. Er hat mir das erzählt und schon 10 Kilo abgenommen. Der Arme kann sich jetzt wohl nicht den Bauch vollschlagen, sonst hat er zu viele Punkte. Na, soll er ruhig hungern, schließlich hat er mich aufgeweckt.

Ich gehe zur Dartscheibe, die an der Außentür meines Badezimmers befestigt ist, nehme einen Pfeil und schleudere ihn von der 4 Meter entfernten Eingangstür durch den schmalen Vorzimmergang. Wow, gleich mitten ins Schwarze! Mein Aggressionspegel sinkt und Stolz macht sich breit. Vielleicht sollte ich immer Zielwasser trinken, bevor ich Dart spiele.

An Schlaf ist nun nicht mehr zu denken. Womit soll ich mir die Nacht um die Ohren schlagen?

Ich hole meinen Aquarellblock, Farben, Pinsel, ein Gefäß mit Wasser und mein Malfetzerl, das schon so hübsch aussieht, dass ich es auf dem Kunstmarkt verkaufen könnte. Dann starre ich lange auf das weiße Blatt. Hole einen Spiegel. Es soll nämlich ein Selbstporträt werden mit je einer Nachtigall auf meinen Schultern. Frida Kahlo hat das auch gemacht, zwar mit Affen, aber …

Bloß wie sieht eine Nachtigall aus? Es dauert lang, bis der alte PC endlich bootet. Im Google werde ich dann aber schnell fündig.

Ich tauche den Pinsel in Wasser und Farbe, streiche das Blatt ein, da läutet es.

Halim steht im Pyjama vor der Tür. Um 02.44 Uhr. Er könne nicht schlafen und habe gesehen, dass bei mir noch Licht brenne. Ob ich wohl mit ihm eine Partie Dart spielen würde.

Nein, ich male gerade, sage ich wütend. Er entschuldigt sich für die späte Störung. Als Wiedergutmachung verspricht er mir eine Freikarte zu seiner nächsten Opernaufführung.

Das wiederum finde ich rührend, obwohl ich im selben Moment zu überlegen beginne, wem ich die Karte schenken würde.

Nachdem er wieder gegangen ist, mache ich mich an mein Aquarell. Mein Porträt sieht mich übernächtig an. Doch nachdem ich ihm die Nachtigallen auf die Schultern gesetzt habe, entspannt es sich. Eine wohlige Müdigkeit überkommt mich.

Ruhestörung

Wenn alles mit dem Urknall begonnen hat, ist es kein Wunder, dass es so laut zugeht im Universum. Was mich nicht weiter stört, da die Wahrnehmungsfähigkeit des Cortischen Organs nur auf menschlich überbrückbare Distanzen begrenzt ist.

Ein Motorrad höre ich erst, wenn es sich vom Praterstern der Reichsbrücke nähert.

Über eine Lärmbelästigung durch Satelliten oder gar Orbiter kann ich hingegen nicht klagen.

Als ich an einer Durchzugsstraße wohnte, hatte ich immer die Phantasie, mit einem Gewehr auf die Autoreifen zu schießen. Diese köstlichen Sekunden der Ruhe nach dem Knall, bis die Polizeisirenen mein Herz zum Rasen brächten.

Ob ich hinter Gittern zur Ruhe gekommen wäre? Wohl kaum. Die Pfiffe der Gefängniswärter. Das Trampeln der Häftlinge beim Rundendrehen im Gefängnishof. Das Scharren des Essbestecks im Blechnapf. Das Schnarchen der Mithäftlinge, wenn du nicht in Einzelhaft bist.

Oh wäre das Universum lautlos einem Keim entsprossen, einem Urkeim, den ein sanfter Wind weitergetragen hätte, dem Maienlüftchen ähnlicher als dem Sonnensturm.

Diese erhabene Ruhe von Pflanzen, die sich lautlos entfalten bis zur Üppigkeit. Kein »Da schau her, was ich kann, wer ich bin!«-Geschrei. Keine hysterische Aufmerksamkeitserregerei.

Eine sich lautlos ausdehnende, sich formende Materie.

Doch der Urknall brachte den Homo sapiens zum Urschrei. Ohne Knall kein Schrei.

Keine Marktschreier, sondern Summer, Murmler, Flüsterer.

Bitte um Berücksichtigung des Ruhebedürfnisses im Falle eines Weltuntergangs mit darauf folgender Neuschöpfung im Sinne des Minderheitenschutzes.

Pst!

Mein Handy will mich sprechen. Genau genommen Willi, wie ich am Display sehe.

»Was, du?«, sagt er, »nicht deine Sprachbox? Da bin ich ja hin und weg!«

Ob ich wieder mal mit ihm frühstücken würde, wir hätten uns ja eine Ewigkeit nicht gesehen. Er ist mein Frühstücksfreund, weil um diese Zeit steht seine eifersüchtige Frau in der Klasse.

Ich überfliege im Gedanken meinen Terminkalender. »Leider nein«, sage ich, »ich bin vor fünf Minuten tot umgefallen.«

»Nein, jetzt hör aber auf, das ist ja schrecklich, hab ich dich ganz knapp verpasst.

Und überhaupt, das darf ja nicht wahr sein, in deinem Alter, so lang vor der Zeit.«

»Na immerhin hab ich's bis jetzt geschafft, das ist doch eine ganze Menge.«

Während Willi beteuert, dass mein biologisches Alter zehn, nein fünfzehn, wenn nicht zwanzig Jahre darunter liege – er steigert sich in einen Komplimenterausch –, merke ich, wie gut es sich anfühlt, tot zu sein. Out of order.

»Willi«, sage ich, »du bist sooooo lieb, ich werde dich nie vergessen.«

»Ich dich auch nicht«, versichert er mir, »ich komm dich besuchen, auf welchem Friedhof liegst du denn?«

»Weiß ich noch nicht, bin ja gerade erst gestorben. St. Pölten wahrscheinlich, wenn die noch eine Urne ins Ehrengrab meines Großvaters hineinschummeln können.«

Viel Besuch werde ich dort ja nicht bekommen, denke ich mir, aber zunächst einmal brauch ich ohnehin dringend Ruhe. Und danach werden wir weitersehen, wenn ich mich zu dem unterirdischen Familientreffen hinzugesellt habe.

»St. Pölten, phantastisch!«, sagt Willi. »Emma und ich haben ein Abo im Festspielhaus und die nächste Vorstellung ist bald, da komm ich dich nachher besuchen.«

»Lieber vorher«, sage ich, »die sperren den Friedhof bei Einbruch der Dunkelheit.«

»Ach so, danke für den Tipp.«

»Keine Ursache«, sage ich, »aber mit Emma an deiner Seite wird das nicht gut gehen«, erinnere ich ihn an die krankhafte Eifersucht seiner Frau.

»Aber jetzt, wo du tot bist …«

»Eifersucht ist irrational«, sage ich.

»Aber geh!«

»Bin eh bereits gegangen.«

»Dann also bis bald.«

»Bis bald«, sage ich und drücke auf das rote Hörer-Ikon.

Wie schön, wenn Überzeugungskraft auf Leichtgläubigkeit trifft.

Aber zehn Minuten später ruft Willi wieder an. Sind ihm also doch Bedenken gekommen.

Ich hebe nicht ab. Sonst glaubt er mir nie wieder etwas. Aber eine SMS schick ich ihm doch: »Bin leider zurzeit tot, LG I.«

Hoffentlich kontrolliert seine Frau nicht sein Handy.

Bin leider tot

Jedes Kuhdorf kannst du zoomen und landest im Garten von Kurt Dorfer (beispielsweise). Google Earth in Global Village. Jede Villa kartografiert in Bullerbü und Hietzing (beispielsweise). Blinde Kuh? Gestriges Spiel in hellsichtigen Zeiten. Dunkle Seiten ans Tageslicht! Ein Bösewicht, wer es scheut. Verborgenes wird sichtbar gemacht.

Google knockt on a heaven's door. Knock knock knock! Du lieber Himmel! Ich schlag die Hände vor meinem Gesicht zusammen. Hätten wir ihn doch den Engeln und den Spatzen überlassen. Und den Wolken. In Wulkaprodersdorf ist der Himmel auf ein Maisfeld gestürzt. Der Dorfer Kurti hat vergeblich versucht, ihn zu halten. »Himmel und Erde müssen vergehen. Aber die Musici, aber die Musici, die bleibt bestehen«, wollte irgendein Schwachsinniger uns trösten, ein Musikantenstadl-Hörer. Nach der Apokalypse trudelt der Musikantenstadl im nachtschwarzen All, völlig losgelöst von der Erde, die im Blau des Himmels ertrinkt, *700 Schimmel, hü-hot, hü-hot, reiten in den Himmel, hü-hot, hü-hot. 700 Englein, sapperlot-lot, reiten wie die Benglein, sapperlot-lot. Da fällt einer runter, uh-u-uh, auf die Erde runter, uh-u-uh, und das bist du.*

Als ich dieses Lied (eigentlich einen Kanon) zum Besten gegeben habe – wir alle geraten ja irgendwann einmal in die peinliche Situation, ein Lied vortragen zu müssen, sei es bei Festivitäten oder beim Pfänder-Auslösen –, waren Erde und Himmel noch nicht vollständig kartografiert. Nur Graffitis blühten auf grauen Wänden. Aber dieser Planet hat keine guten Karten. Zu viel Beton und nur ein kleiner grüner Kaktus auf einem Balkon. Verdorrt die roten Rosen, verwelkt der rote Mohn. Moonshadow, Moonshadow, auf wen fällst du nun?

Himmel, kartografiert

Ich glaube nicht an Verschwörungstheorien. Eine Ausnahme muss ich jedoch machen. Es ist offensichtlich, dass sich die Technik gegen mich verschworen hat. Ich brauche nur in die Nähe eines Fernsehapparates oder Rundfunkgeräts zu kommen und schon geht die Programmierung verloren. Ein Computerabsturz am Tag ist für mich so normal wie der Sonnenuntergang, und auch, dass das Handy trotz Stummschaltung düdelt. Die Nähe eines Atomkraftwerkes sollte ich also meiden.

Ein kleiner Trost ist für mich, dass auch die Fachleute die Materie nicht immer im Griff haben:

Neulich traf ich auf die Minute pünktlich bei mir daheim ein (fast hätte ich mich wegen eines Schwätzchens mit meinem Lieblingsnachbarn vor der Haustür verspätet) und der Servicetechniker wartete schon vor meiner Wohnungstür. Das tat mir leid, denn es war gewiss seine letzte Schicht am diesem Freitagabend vor Pfingsten.

Er – nicht sehr groß, zierlich, schwarzgelockt und vor allem gut gelaunt – sollte mein Analog- durch ein Digitaltelefon ersetzen und dieses an das PC-Modem anschließen.

»Ach«, sagte ich, »wenn Sie das Modem schon in der Hand haben, ich kann mein WLAN nicht mehr aktivieren.«

Der Techniker stocherte, wie schon ich unzählige Male davor, mit einer Kugelschreiberspitze erfolglos in der winzigen Vertiefung am Modem. Er rief seine Abteilung an. Inzwischen erkaltete der Kaffee, den ich ihm angeboten hatte.

Der Mann aus der Technikabteilung wollte mich sprechen und erklärte mir, dass bei meinem Modem-Typ der WLAN-Schalter immer hängen bliebe. Eine Fehlkonstruktion also und was sollte ich da machen?

Das WLAN über den PC ein- und ausschalten. Dazu würde mir der Kollege ein Kabel zwischen PC und Modem legen und mir alles Weitere zeigen.

Mein Techniker, so konnte ich ihn jetzt, da er bei mir zuhause war, wohl nennen, machte sich ans Werk.

»Der Kaffee wird kalt«, sagte ich.

Schuldbewusst trank er einen Schluck. Sein Handy meldete sich.

»Ich bin noch nicht fertig«, sagte er, »wahrscheinlich in einer halben Stunde.«

»Ach, Sie werden schon erwartet«, sagte ich mit bedauerndem Tonfall und wissendem Blick. Ich lächelte.

Er nickte und kroch unter mein Computertischchen. Gut, dass er so bagschierlich war. Ich kauerte mich neben ihn auf den Boden und beobachtete interessiert und hoffnungsvoll seine Verrichtungen. Allerdings machte es mich nicht froh, dass mein Kabelsalat um ein weiteres Teil bereichert wurde. Ich betrachtete kummervoll das einstmals weiße Spitzendeckchen, ein Erbstück meiner Großmutter, das ich mit Reißnägeln an der Unterseite des handgeschnitzten Computertischchens befestigt hatte, um die Kabel zu verbergen und dachte, dass es gewaschen werden müsste.

»Warten Sie«, sagte ich, »ich nehme das Spitzentuch ab«, und schlüpfte zu ihm unter die Holzplatte. Wir waren uns jedoch im Weg und außerdem ziemlich nahe und ich wollte nicht, dass er glaubte …, also bat ich ihn, die Reißnägel zu entfernen.

»Aber passen Sie auf, tun Sie sich nicht weh!« Das klang vielleicht etwas oberlehrerinnenhaft, aber ich bin nun einmal dieser mütterliche Typ.

Ich bedankte mich überschwänglich.

Nun zeigte er mir, wie man am PC das WLAN aktiviert. Es sei ganz einfach:

Er gab eine lange Zahlenadresse in die Browserzeile am Bildschirm ein, klickte auf »wireless« und gab Benutzername und Passwort ein: »aram« und noch einmal »aram«.

»Hübscher Name«, sagte ich. Er passte gut zu ihm. Ich tippte auf Armenien. Ich würde das nachher googeln. »Aber das Licht für ›wireless‹ leuchtet nicht am Modem«, machte ich ihn aufmerksam. Wir waren uns einig, dass ein Neustart zum gewünschten Erfolg führen würde.

Danach wieder »aram«, »aram«. Es erschien der Hinweis: »Sie sind bereits eingeloggt. Es ist nur eine Session erlaubt.«

Immer wieder betätigte er den Rückwärtspfeil und tippte »aram«, »aram« ein: »aram«, »aram«. Er war wie besessen.

»Rufen Sie doch in Ihrer Abteilung an«, schlug ich vor. Offensichtlich war aber jetzt jemand anderer am Telefon, weil Herr Aram, so nannte ich ihn mittlerweile in Gedanken, das Problem noch einmal aufrollte.

Aber dann endlich leuchtete uns ein grünes WLAN-Licht.

»Ich mache einen frischen Kaffee«, sagte ich.

»Nein, nein, ich trinke gerne kalten Kaffee.« Er nahm hastig ein paar Schlucke.

Bevor er die Tasse geleert hatte, drückte ich ihm das Mobilteil meines Festnetztelefones in die Hand. »Schauen Sie, das Mikrofon funktioniert nicht, Sie als Techniker bekommen das sicher leicht wieder hin.«

Er tippte sich durch das Menü.

»Wissen Sie, wenn ich anrufe und in einer Warteschlange lande, möchte ich das Teil nicht ständig am Ohr haben, sondern hinlegen können, bis jemand abhebt«, feuerte ich ihn an.

Dass er sich nochmals durch das Menü tippte, zeigte, wie mitfühlend er war. Aber das Mikro blieb stumm. Das war wohl nicht sein Tag.

Er wollte nun das alte Festnetztelefonkästchen von der Wand abmontieren. Deshalb sei er ja eigentlich gekommen.

»Ja bitte, tun Sie das.« Ich schaute ihm zu, aber was musste ich hinter dem Kästchen sehen? Hässliche Schraubenlöcher in der Wand und eine schmutzige Fläche.

Flugs holte ich Moltofill und ein Glas, in das ich weiße Malerfarbe abfüllte, und natürlich Spachtel und Pinsel. Als ich sie ihm in die Hand drücken wollte, wurde er ohnmächtig.

Das nunmehr digitalisierte Telefon klingelte. Wenigstens funktionierte es. Edgar wollte wissen, ob alles geklappt habe.

»Der Techniker ist gerade da«, sagte ich, »wenn auch nicht bei Sinnen.«

»Ja, was die immer für unfähige Leute schicken.«

»Nein, er …«

»Hast du ihm gesagt, dass deine Downloadgeschwindigkeit ein Witz ist?«, unterbrach mich Edgar. »Bei deinem Tarif!«

Das hatte ich doch glatt vergessen.

»Edgar, ich muss jetzt auflegen, der Techniker.«

»Ja, sag ihm das.«

»Ich muss ihn zuerst updaten.«

»Wie bitte?«

Ich beendete das Gespräch ohne eine weitere Erklärung und ging in die Küche, um ein Glas Wasser zu holen.

Damit könnte ich ihn sicher wieder hochfahren. Ich tätschelte seine Wangen und setzte das Glas an seine Lippen. Er schlug die Augen auf, trank reflexartig und setzte sich auf.

»Mit der Wand werde ich schon fertig«, sagte ich begütigend, »aber vielleicht könnten Sie noch kurz meine Downloadgeschwindigkeit am PC prüfen«.

Da wurde er abermals ohnmächtig.

Aram, Aram, ich schüttelte den Kopf. Er wäre wohl besser Konzertpianist geworden. Aber auch die brauchen gute Nerven, wenn ich es mir recht überlegte.

Meine Reaktivierungsversuche blieben erfolglos, er war endgültig abgestürzt. Ich rief die Rettung.

Aram, Aram

»It Takes Two to Talk.« So der Titel eines Buches, auf das mein Blick fällt. I don't agree. Ich führe nämlich gerne Selbstgespräche. Ich fühle mich dabei so selbstbestimmt. Ich allein entscheide, ob ich angesprochen werden will. An sich bin ich ja ein geselliger Mensch, keine Einzelgängerin. Wenn ich jedoch gerade in ein Buch vertieft bin und der Moment immer näher rückt, in dem Walter seinen ekelhaften Chef umbringen wird und ich mit ihm um gutes Gelingen sowie Nicht-Aufklärung seiner Tat bange oder Elsa in Kanadas Wildnis plötzlich einem Bären gegenübersteht, mag ich es gar nicht, wenn Edgar mir erzählt, wer den Deutschen Buchpreis gewonnen hat, wissen will, ob ich von dem oder der schon was gelesen habe, was ich von ihm oder ihr halte und mich in eine Diskussion über die Machenschaften des Literaturbetriebs und das Diktat des Marktes hineinzieht. Ein Thema, über das ich mich grundsätzlich sehr ereifern kann, aber im Moment stehen mir Walter und Elsa sowie deren Widersacher im Nadelstreif beziehungsweise im Zottelpelz emotional einfach näher.

Auch schaffe ich mir lieber selbst etwas an: »Steh endlich auf!« Das höre ich aus meinem Mund lieber als aus Edgars. Vermutlich ist ein Kindheitstrauma daran schuld. Mein Vater hat mir immer die Bettdecke weggezogen, wenn es seiner Meinung nach für mich Zeit zum Aufstehen war. Soweit ist Edgar nie gegangen und die Aufforderung zum Levée habe ich ihm längst abgewöhnt, nicht aber die Ermahnung »Geh nicht wieder so spät schlafen!« Dabei habe ich ihn einmal vor den Fernseher gezerrt, als – natürlich im Spätabendprogramm – eine wirklich gute Sendung über Abendmenschen gebracht wurde. Leider ist er dabei eingeschlafen.

Ebenso kann ich Selbstvorwürfe besser ertragen als von anderen Menschen getadelt zu werden: »Sei nicht so bequem! Heute musst du endlich wieder zum Kieser-Training, schließlich hast du eine Menge Geld für die Jahreskarte bezahlt und deine Muskeln werden sich auch nicht von selbst aufbauen.« Wenn mir Edgar Geldverschwendung vorhielte, müsste ich ihm ja Recht geben. An meinem Muskelaufbau wäre er hingegen weniger interessiert, denn Männer schätzen ihre körperliche Überlegenheit. »Sollen wir ihnen diese Bastion streitig machen?«, frage ich mich. »Andererseits ist es höchst verwunderlich, dass sie das Patriarchat auf ihrer Muskelkraft gründen konnten«, sage ich mir.

»Siehst du, ein weiterer Grund, jetzt zum Training zu gehen. Gleich packst du deine Sporttasche. Auf dem Heimweg vom Kieser kannst du auch gleich einkaufen gehen.« Selbstgespräche motivieren nicht nur, sie strukturieren auch. Und spenden Trost.

»Das war ja jetzt gar nicht so schlimm«, sage ich nach vollbrachter Tat in der U-Bahn zu mir, »und der Muskelkater wird bald vergehen.« Niemand denkt sich etwas dabei, denn mittlerweile gibt es ja mehrere Leute, die für ihre Handy-Gespräche Headsets verwenden und dieses könnte ja unter meinen Haaren und meiner Jacke verborgen sein.

»Außerdem schaut dich ohnehin niemand an«, weise ich mich zurecht, »du brauchst dir nicht einzubilden, dass du immer im Mittelpunkt der Aufmerksamkeit stehst.«

Jetzt ernte ich aber doch merkwürdige Blicke. Doch seit ich gelesen habe, dass Selbstgespräche ein Zeichen von Intelligenz sind, geniere ich mich nicht mehr dafür.

In meinem Büro, das ich eine Zeitlang mit einer Kollegin teilen musste, war diese anfänglich immer irritiert, wenn ich vor mich hinsprach und sie merkte, dass meine Worte nicht an sie gerichtet waren. Sie versuchte, mich deshalb bei den anderen KollegInnen zum Gespött zu machen. »Ich spreche eben nicht mit jedem«, wies ich sie zurecht und das Gelächter war auf meiner Seite.

Der Gedanke an das vermeintliche Headset rief mir wieder meinen Vorsatz, eines anzuschaffen, in Erinnerung. »Dann bist du nicht ständig dieser schädlichen Strahlung ausgesetzt«, sagte ich mir. »Andererseits, an irgendetwas muss man ja eines Tages sterben.«

»Da haben Sie recht«, sagte der Mann, der mir gegenübersaß, »aber vorher sollten wir noch unbedingt auf ein Bier miteinander gehen.«

Er sah nicht nur gut, sondern auch ausgesprochen nett aus und hatte eine schöne Stimme. Ich sagte jetzt erst einmal gar nichts mehr, weil ich bezüglich dieses Angebots auf meine innere Stimme hören musste.

Selbstgespräche

»Stark durch die Nase atmen hilft«, sagt Frau Bucek mütterlich. »Das hilft gegen den Schluckreiz.«

Dieser tritt auf, wenn sie mit ihrem Zahnsteinentferner beim unteren Eckzahn angelangt ist. Aber ich schaffe es nicht, durch die Nase zu atmen, wenn der Mund offen steht. Mit dem spitzen Häkchen kratzt sie an meinen Zahnhälsen und stochert in den Zahnzwischenräumen, um meiner Plaque zu Leibe zu rücken.

Durch den Plexiglasschutz vor ihrem Gesicht sehe ich, wie konzentriert sie schaut.

Ich bin dankbar, dass ich meinen Lebensunterhalt nicht auf diese Weise verdienen muss.

Sie wühlt in meinem Mund und draußen vor dem Fenster gräbt sich eine Baggerschaufel in die Erde, hebt sich und lässt ihren Aushub, den sie zu einem Hügel anhäuft, fallen. Die riesige Baumaschine schwenkt ihren Arm mit dem Schaufelmaul rhythmisch hin und her.

Frau Bucek fährt mit der Sonde hin und her.

Ein Schürfen und Scharren jenseits und diesseits der Fensterscheibe.

Baggerfahrer und Mundhygienikerin.

Frau Bucek legt ihr spitzes Werkzeug weg und nimmt ein Ultraschallgerät in die Hand. »Jetzt wird es ein bisschen lauter«, sagt sie. Gleichzeitig nimmt auch der Baulärm von draußen zu und schwillt wieder ab, als Frau Bucek zum Polieren der Zähne übergeht.

Die gleichmäßigen Bewegungen des Baggerarms, das Schwenken, das Heben und Senken, das Auf und Zu der Schaufel, die mit den eisernen Zähnen wie das gefräßige Maul eines urzeitlichen Monsters wirkt, machen mich schläfrig. So muss es sein, wenn man mit einem Pendel in Hypnose versetzt wird. Frau Buceks Anweisungen dringen wie durch einen Gazeschleier zu mir.

»Den Mund ein bisschen mehr öffnen, bitte, jetzt wieder mehr schließen, entspannen, beißen Sie ruhig auf den Sauger, den Kopf bitte etwas mehr zu mir drehen, wieder in die Mitte …«

Mir gefällt mein Marionettendasein. Ich habe nichts anderes zu tun, als den klaren und einfachen Anordnungen zu folgen, die sich ständig wiederholen.

Jetzt durchstößt die Baggerschaufel die Fensterscheibe, Glas zersplittert, Frau Bucek springt entsetzt zur Seite, ich liege gebannt auf meinem Behandlungssessel, sehe die Baggerschaufel auf mich zukommen. Sie spuckt eine große Menge Erde über mir aus und begräbt mich damit. »Durch die Nase atmen!«, ruft Frau Bucek.

Mundhygiene

Der fremde Mann, der als einziger mit mir in einer Sechsergondel der Bergbahn hinauffuhr, saß mir gegenüber und beunruhigte mich durch sein erschöpftes Keuchen.

Er war »in den besten Jahren«, die man bei Männern um die vierzig ansetzt, eher klein und ziemlich übergewichtig. Mehr breit als lang also.

Seine Miene erschien mir resigniert, der Verzweiflung schon sehr nahe.

Zeitweise hörte er auf zu keuchen und schloss die Augen. Dann rang er plötzlich wieder nach Luft mit dem Blick eines gehetzten Tieres.

Ich betrachtete seine Schier, die in der Halterung an der Außenwand der Gondel neben den meinen steckten.

Die Vorstellung, er würde damit ins Tal abfahren, gefiel mir nicht, war eigentlich unvorstellbar. Ich machte mir Gedanken, wie ich vorgehen sollte, wenn er in der Gondel kollabierte.

Es war schon sehr lange her, dass ich einen Erste-Hilfe-Kurs gemacht hatte. Bestand eine Herzmassage darin, rhythmisch auf das Brustbein zu drücken?

Mund-zu-Mund-Beatmung eines Fremden ist mir immer als der Gipfel der Unzumutbarkeit erschienen. Ich betrachtete seine Lippen, die schön waren (hoffentlich befanden sich gepflegte Zähne dahinter), wie auch sein gesamtes Gesicht nicht unhübsch war. Ich würde mich überwinden können, müssen.

Hält man dem Wiederzubelebenden die Nase zu, damit die Luft nicht gleich wieder ausströmt?

Was trieb ihn an, in dieser Verfassung auf den Berg zu fahren und sich auf Schiern ins Tal zu quälen? Die häufigsten Todesursachen auf dem Berg waren nicht Lawinen, Abstürze, Steinschläge, sondern Herzinfarkte.

Jetzt wusste ich es: Es war seine Art, Selbstmord zu begehen. Seine Frau hatte ihn wegen eines Schilehrers verlassen und er wollte trainieren, bis er abnahm oder starb.

Plötzlich stand die Gondel still.

Ich sah ihm in die Augen – ein Lächeln missglückte mir –, die mit Erstaunen reagierten.

Ich hätte ihn längst fragen sollen, ob ihm schlecht sei, er Hilfe brauche. Aber irgendetwas hielt mich davon ab. Ich fürchtete, ihn damit noch mehr zu demütigen.

Ich sah durch die Plexiglasscheibe in die verschneite Bergwelt. Vereinzelt sah ich Schifahrer, klein wie Ameisen, auf der Piste ihrem Bau zustreben.

Die Gondel nahm ihre Fahrt wieder auf.

»Zu dumm, ich habe meine Schistöcke oben vergessen«, sagte der Mann plötzlich, »darum muss ich noch einmal hinauf.«

Wollte er mich beruhigen, hatte er meine Betroffenheit gespürt?

Seine Stimme klang ein wenig rau, aber angenehm, sein Atem hatte sich beruhigt.

»Mit der Seilbahn sind Sie ja rasch wieder unten«, sagte ich.

Die von mir erhoffte Zustimmung blieb aus, aber er widersprach zumindest nicht.

Oben sah ich ihm nach, wie er zu den Schiständern ging, ich wollte Gewissheit haben, wie er sich ins Tal begeben würde, aber obwohl die Hochfläche um diese Zeit gar nicht mehr so stark bevölkert war, verlor ich ihn aus den Augen. Ein Schneetreiben hatte eingesetzt.

In der Schwebe

ICH UND E.

Edgar liest den Notizzettel, den ich ihm hinterlassen habe und stürzt zum Pool. Hat mich ein giftiges Insekt gebissen, eine Schlange oder gar ein Affe? Auch eine Möwe könnte mich angegriffen haben. Oder ist das bloß ein Romantitel, den ich notiert habe?

Er findet mich friedlich in einem Liegestuhl dösend. Trotzdem sucht er sofort meinen Kopf nach Platzwunden ab, da das Wasser aus dem Bassin ausgelassen wurde und ich nach dem Biss eines tollwütigen Hundes in Panik hineingesprungen sein könnte.

»Was hat dich denn gebissen?«, will Edgar nun wissen.

Aha, er hat das »Bin« in meiner Notiz als »Biss« gelesen. Ohne die Rechtschreibreform hätte das nicht passieren können, aber die Germanisten, zu tiefgreifenden Reformen nicht fähig, denken nicht an den Schaden, den sie nicht nur bei den Deutschnoten der SchülerInnen, sondern auch bei besorgten Ehemännern anrichten.

Edgars Anteilnahme in Stimme und Mimik ist nun, da er sieht, dass noch alle Gliedmaßen vorhanden sind und mir kein Stück Fleisch herausgerissen wurde, merklich gedämpft.

»Eine Ameise* hat mich gebissen.« Ich deute ich auf meine große Zehe, die ein wenig gerötet ist.

»Weiber!«, sagt Edgar.

Wehmütig denke ich an die Zeiten, als er noch hingebungsvoll meine Zehen abgelutscht hat. Eine nach der anderen.

Lesefehler

* Ameisenkuchen

Zutaten für 12 Portionen:

1 Päckchen Backpulver
3 Eier
1 Becher Joghurt
1 Becher Mehl
0,75 Becher Öl
0,5 Becher Schokoraspeln
1 Päckchen Vanillezucker
1 Becher Zucker

Zutaten für die Form:

1 Prise Brösel
1 EL Butter

Zubereitung:

Joghurt, Dotter, Zucker schaumig rühren, Öl langsam einlaufen lassen. Eiweiß zu einem steifen Schnee schlagen. Dann Mehl mit Backpulver und Schokoraspeln abmischen und einrühren. Schnee unterheben, in gebutterte und gebröselte Form füllen und bei 150 Grad eine Stunde backen.

»Du siehst spitze aus!«, sagt Edgar neben mir im Bett.

Hat er spitze gesagt oder spitz?

Misstrauisch schleiche ich zum Spiegel. Man kann an meiner Nase manches aussetzen, aber spitz ist sie nicht.

Hingegen sehe ich mich mit einem Spitzenhäubchen. Ich nehme die lächerliche Kopfbedeckung ab. So alt wie die Arsen-Ladies im Film bin ich nun auch wieder nicht. Aber was muss ich sehen? Statt der Haare entsprießen Spitzenbänder meiner Kopfhaut, zu einem Knoten gewunden. Ich löse ihn und die Spitzen fallen in reicher Fülle auf meine Schultern herab.

Ich trage das schwarze Spitzenkleid meiner Mutter aus den dreißiger Jahren, dessen luftige Lücken einen Blick auf meine Haut freigeben. Unterhemd habe ich keines an, nur Spitzenhöschen und Spitzenstrümpfe, die an Strapsen befestigt sind. Vorsichtig stelle ich mich auf die Zehenspitzen und beginne zu tanzen. Nie hätte ich mir das zugetraut, der Mensch wächst mit der Ausstattung.

Doch als ich feststelle, dass auch meine Haut aus Spitze ist und vermutlich auch die inneren Organe – dort wo das Herz ist, schimmert es rot durch –, sinkt mein Glückspegel auf null. Ich bin das Produkt einer Spitzenklöpplerin. Oh, wäre ich doch ein Geschöpf aus Fleisch und Blut, Haut und Haaren. Wie ist diese Verspitzierung passiert? Eine Krankheit wie Muskelschwund oder Knochenerweichung? Ich muss meinen Körper der Anatomie vermachen, damit die Ärzte das erforschen können.

Ich ziehe das Kleid meiner Mutter aus und hänge es in den Kasten, verführe Edgar, der mir Höschen und Strümpfe abstreift. Ende gut. Einfach spitze.

Spitzentanz

Wieso träume ich heute noch, dass ich in die Schule gehen muss und zu spät komme, weil ich im falschen Verkehrsmittel sitze, obwohl ich doch bei Tag genau weiß, wohin der D- oder der O-Wagen fahren und wo man von der U1 in die U4 oder U3 umsteigen kann?

Der Alb, oft auch Alp genannt, ist ein Geschöpf der Schattenwelt. Es gibt ihn nur singulär, im Plural (Alben, Alpen) ändert sich seine Bedeutung massiv.

Für die Etymologie von Vornamen ist er jedoch durchaus maßgeblich: Alberich (noch ganz Geschöpf unter Tag), Albert(ine), Albrecht. In Adalbert hat er sich bloß versteckt.

Ich zwinge mich, die Augen zu öffnen, um dem Traum zu entrinnen und kuschle mich an Edgar. Bei seinem Versuch, mich zu umarmen, landet sein Ellbogen auf meiner Nase. Normalerweise ist er kein ungeschlachter Grobian, aber man muss bedenken, dass die Gliedmaßen eines ruhenden Menschen nach etwa sieben, acht Stunden Schlaf noch nicht so geschmeidig sind, die Bewegungen nicht so koordiniert.

»Au«, sage ich, »du drückst mir die Nase platt.«

Jetzt sehe ich sicher aus wie eine Bulldogge. Ich fürchte mich vor dem ersten Blick in den Spiegel. Eine französische Bulldogge, die ja relativ herzig aussieht, wird nicht mehr aus mir, dazu bin ich schon zu groß.

Wenn ich schon eine eingedepschte Nase habe, will ich aufs Ganze gehen. Wie ich das anstellen werde? Zuerst werde ich mich auf allen Vieren fortbewegen und bellen.

Dann werde ich mich anderen Hunden nähern, um sie zu beschnüffeln.

Die Gerüche! Die werden der Lohn meiner Metamorphose sein.

Bulldogge

»Das ist ein schlechtes Wetter, es regnet und stürmt und schneit«, singt Edgar, der schon gefrühstückt hat, als ich in die Küche komme. Das Sudoku in der Zeitung hat er ausgefüllt und ist bereits beim Kreuzworträtsel.

Er hat für jede Lebenssituation das passende Lied bereit. Ich bedaure, die Ohropax bereits entfernt zu haben.

»Dona nobis pacem«, flehe ich ihn an.

Es stürmt tatsächlich. Hat sich Zyklon Yasi von Australien zu uns nach Austria verirrt, was ja oft verwechselt wird?

Immer diese Verwechslungen. Die Welt ist voller Irrtümer. Und Rätsel.

»Zahlenrätsel mit 6 Buchstaben, der 3. Buchstabe ist ein D und der 5. ein K.«

»Sudoku«, sage ich.

»Ah ja!« Edgar greift sich an den Kopf.

Ich verstehe nicht, wie jemand in aller Seelenruhe Kreuzworträtsel lösen kann, während draußen der Zyklon tobt. Wird er die Fensterscheibe eindrücken?

Ich will nach meinem Wasserglas greifen, schrecke aber zurück. Die glatte Oberfläche beginnt sich zu kräuseln und immer höhere Wellen zu schlagen. Ein Tsunami droht. Das Wasser tritt über die Ufer, schwappt über, rinnt über die Tischplatte, mein Nachthemd wird völlig durchnässt. Wir ziehen unsere Füße hoch und stellen sie auf die Sprießen des Sessels, während das Wasser am Boden minütlich steigt.

Ob Yasi so viel Kraft hätte, den Yeti umzublasen?

Yeti wäre mir jetzt willkommener als Yasi, wenn er an unsere Tür pumperte.

Was soll der gedankliche Konjunktiv? Tatsächlich ist es Yeti, der Einlass begehrt.

Ich erschrecke bei seinem Anblick, rede mir aber gut zu.

Mein Gott, auch Männer haben oft eine starke Körperbehaarung, große Füße und einen gesunden Appetit. Mit den Beständen unserer Tiefkühltruhe können wir ihn mit einem Frühstück verpflegen. Wir brauchen gar nicht extra zu kochen, er ist kalte Speisen ja wohl gewohnt. In irgendeinem Tiefkühlfach müsste noch ein Iglu-Vanilleeis vor sich hindümpeln.

Aber Yeti will lieber Extrawurst. Das kann ich verstehen. Ich esse im Winter auch lieber Extrawurstsemmeln als Eis.

Er beklagt sich gar nicht darüber, dass er nasse Füße bekommt, verlangt nur nach einer Bürste, um sein vom Sturm zerzaustes Fell zu frisieren.

Edgar betrachtet ihn angewidert (er hat ja schon eine Abneigung gegen meine paar Haare im Waschbecken), aber mir macht das nichts aus, ich mag nur keine behaarten Spinnen, allerdings auch keine unbehaarten.

»Gibt es im Himalaya auch Spinnen?«, frage ich, »dort ist es doch sicher viel zu kalt.«

»Aber wo denken Sie hin, dort sind sie besonders pelzig!«

Ich sehe schon, auf dieser Welt gibt es keinen einzig sicheren Ort für mich, nicht einmal in Edgars Küche, wo der Sturm im Wasserglas tobt. Vom Winde verweht und von Spinnen bedroht.

Yeti macht sich's mit der Zeitung bequem, während er große Mengen von Extrawurst verdrückt. Er ist enttäuscht, dass das Sudoku schon gelöst ist.

Aber es amüsiert ihn zu lesen, dass im Himalaya schon wieder jemand seine Fußspuren gesehen haben will.

»Mehr wird auch niemand von mir zu sehen kriegen, denn im Schnee nehme ich eine Tarnfarbe an.«

»Und im Urwald, nehmen Sie dort dann eine Farnfarbe an?«

Yeti beteuert, das nicht zu wissen, da er Urwälder aufgrund der klimatischen Bedingungen noch nicht aufgesucht hat. Ein tibetanischer Schamane habe ihm dringend davon abgeraten.

»Ja, das feuchte Klima muss man erst einmal vertragen.« Ich blicke bekümmert zu Boden, wo mir das Wasser bis zu den Knöcheln reicht.

»Sind Sie auch immer lieb zu ihr?« Yeti blickt Edgar streng an wie der Nikolaus. »Sonst nehm ich sie mit mir.« Er packt mich und schaukelt mich in seinen Armen wie ein Baby.

»He, du bist doch nicht Tarzan!«

»Tarzan ist ein Waisenknabe gegen mich. Und der ist wohl ein Sängerknabe?« Er deutet auf Edgar, der »Was macht der Mayer im Himalaya?« singt.

»Ja«, sage ich, »aber leider schon nach dem Stimmbruch.«

In diesem Moment birst das Wasserglas.

»Da habe wir die Scherberei«, sagt Yeti und fischt die Splitter aus dem Wasser.

»Tun Sie sich nur nicht weh!«

»Aber geh!«

Nachdem er noch die Salami unter Lobeshymnen auf die italienischen Esel verdrückt hat, verabschiedet sich Yeti.

Edgar wirkt erleichtert. Er verträgt nämlich so viel virile Konkurrenz schlecht.

»Testosteronbombe«, sagt er verächtlich.

»Verachte mir den Yeti nicht«, singe ich nun aus voller Brust – mit Wagnerschem Pathos eben.

Zyklon

Ich weiß nicht, warum es ausgerechnet ein Polsterzipfel sein muss. Vielleicht das Weiche, dass dann doch spitz zuläuft, wie ein Busen, eine Mutterbrust.

Andererseits habe ich nicht viele Alternativen. Ab einem gewissen Alter kann man nicht mehr an einem Schnuller saugen oder an seinem Daumen lutschen, ohne sich lächerlich zu machen.

Meine Mutter hat früh aufgehört, mich zu stillen. Nicht, weil ihr die Milch wegblieb, oder sie gar befürchtete, dass ihre schönen Brüste darunter leiden könnten oder ich ihr lästig war. Ich habe schlicht die Milch verweigert. Das Gesicht verzogen, gebrüllt und gespuckt.

Bis heute ekelt mir vor Milch. Café Latte? Nein danke. Man muss nicht alle Moden mitmachen.

Ob etwas mit dem Geschmack von Mutters Milch nicht stimmte? Ranzig? Bekanntlich sind ja immer die Mütter schuld. Doch meine Geschwister haben die Muttermilch zufrieden eingesogen.

Wenn ich gewusst hätte, wie furchtbar die Tees aus dem Fläschchen schmeckten, hätte ich es mir vielleicht anders überlegt. Doch zu spät, ich war bereits abgestillt.

Meine Therapeutin ist davon überzeugt, dass ich die Mutterbrust allzu früh entbehren musste. Daher diese Sauglust, vor allem vor dem Einschlafen.

Edgar findet das Saugen am Polsterzipfel total unhygienisch, obwohl ich meine Polster oft frisch überziehe und den Bezug mit allergenfreiem Waschmittel reinige. Außerdem putze ich mir doch die Zähne vor dem Schlafengehen. Edgar ist und bleibt halt ein Bazillophobiker. Wie einst Michael Jackson, der keine Türklinken angriff. Na gut, an Türklinken würde ich auch nicht saugen.

Einmal hat Edgar mein Polster gegen ein mit Kirschkernen gefülltes Kissen vertauscht. Das ist ihm teuer zu stehen gekommen, nachdem ich mir den rechten oberen Schneidezahn ausgebissen habe. Zum Glück ist mein Zahnarzt ein Meister seines Faches. Aber nicht billig.

Und schließlich hat Edgar doch von meiner Vorliebe gewusst, bevor er mich geheiratet hat. Ganz am Anfang fand er sie sogar hinreißend und konnte mir gar nicht lang genug dabei zusehen.

Aber seitdem sind schon viele Polsterzipfel von mir ausgesaugt worden. Mein erhöhter Verbrauch an Polsterbezügen wird mir auch zum Vorwurf gemacht. Es ist schade, dass so ein Kleingeist in unser Schlafzimmer eingezogen ist.

Seit einigen Tagen habe ich auf einmal keine Lust mehr. Ich meine, am Polsterzipfel zu saugen. Edgar kann es noch gar nicht glauben. Ich auch nicht, nämlich, was ich gestern Nacht gesehen habe. Ich war gerade am Einschlafen, da höre ich ein schmatzendes Geräusch. Ich drehe mich zu Edgar, beuge mich über ihn und was sehe ich? Er saugt am Polsterzipfel.

Übertragung

Dampfende Rosse im Flockengestöber. Der Schnee dämpft das Klappern der Hufe am Newski Prospect. In der Kutsche ein Herr im Zobel, eine Dame im Blaufuchs, Hände im Muff. Es ist Zarah Leander.

Ich sitze unfrisiert im Schlafrock vor dem Fernseher und sehe das alte Filmmelodram »Es war eine rauschende Ballnacht« über Tschaikowsky.

Edgar hat mich aus dem Bett gezerrt zu dieser Schlittenfahrt am ersten Feiertag des Jahres. Weihnachten ist überstanden, Silvester auch. Gestern hat es geschüttet in Wien. 40.000 Touristen mit 40.000 Regenschirmen auf dem Silvesterpfad. Kein Schnee hat ihnen einen Teppich ausgebreitet. Wien ist nicht Sankt Petersburg.

Zarah hat ihre Schlittenfahrt beendet und steht in gehobener Gesellschaft im Salon, wird zum Singen aufgefordert. Weil sie Tschaikowsky lassen musste, beschwört sie sich, nur nicht aus Liebe zu weinen und gibt ihrem ungeliebten Gatten, dem Industriellen Murakin, rachedurstig zu verstehen, dass es nicht nur ihn auf der Welt gibt und sie jeden liebt, der ihr gefällt. Die Augen der Damen leuchten wissend und zustimmend, die des Gatten funkeln böse. An Zarahs Lippen hängend bekommen die Herren eine Erektion. Jetzt wäre jeder gern einer, der ihr gefällt.

»Du hast dich entblößt«, schilt der Gatte nachher.

Auch Peter Iljitsch ist furchtbar unglücklich, obwohl ihn doch die Marika Rökk so liebt und ihn heiraten will.

»Was hat er denn«, sage ich zu Edgar, »sie ist doch eh bildhübsch, so ein Dusel.« Edgar meint auch, dass er sich nicht so haben soll, der Johannes Heesters habe die Marika Rökk schon hundertmal geheiratet und der da mache so ein Theater wegen der einen Hochzeit.

Wenn es kälter wird, geht der Regen in Schnee über. Dann werden wir die Langlaufschi anschnallen und in der Prater Hauptallee unsere Spuren ziehen. Nachher werde ich mir Doktor Schiwago auf DVD anschauen. Edgar wird meine Tränen trocknen und mir eine Tasse Tee bringen.

Petersburger Schlittenfahrt

Laut den Gebrüdern Grimm kommen die Montagsrosen von montags rasen. Im Karneval da sind sie rasend, ich meine für ihre Verhältnisse, am Rhein, weit weg von Rio.

»D'r Zoch kütt!« Der Zug zieht sich wie ein Strudelteig mit 1,8 km/h durch die Innenstadt von Köln.

Teufel, war mir schlecht damals. Völlig verkatert nach dem Doornkaat. Kopfweh, als hätt' ich eine Dornenkrone getragen und erst mein Magen! Ja, wenn man den Hals nicht vollkriegt, geht's einem an den Kragen. Oh hätten mich Krakenarme umschlungen und auf den Grund des Rheins gezogen, so sterbenselend war mir zumut. »Wennst heiratst, wird's gut«, hat man mich wieder einmal getröstet.

Heute ras ich nicht, lass die Kirche im Dorf, cocoone am sogenannten Rosenmontag mit Edgar auf der Couch. Wenigstens essen wir keine Potatoes, sondern Lachs und Hering, süffeln Sekt und warten, bis es Dienstag wird, Mardi Gras.

In New Orleans* müsste man jetzt sein, in der Partymeile im French Quarter. Ich aber sitze auf der Couch, lege mein schwarz bestrumpftes, schön geformtes Bein auf Edgars Oberschenkel und betrachte es wohlwollend. »Das machen nur die Beine von Dolores«, singe ich, »dass die Señores nicht schlafen geh'n.« Ich könnte Dolores heißen. Eine Verschwendung, diese untere Extremität daheim auszustrecken, anstatt sie in den Straßen von New Orleans zum Dixieland als sogenanntes Tanzbein zu schwingen. Ich lege mein zweites dazu, Edgar ächzt, statt in Verzückung zu geraten. Nun hat das erste seine Exklusivität verloren, beleidigt schläft es ein. Ein typischer Fall von narzisstischer Kränkung, dass mir das Bein einschläft am Höhepunkt des Faschings. Auch die Sektperlen erschlaffen im Glas. Ich beginne mein Bein zu massieren, damit wenigstens irgendwas prickelt, stelle es auf den Boden und mein zweites dazu. Edgar atmet erleichtert auf, um kurz darauf in einen Schlummer zu fallen, irgendwer schläft hier immer ein, bonsoir Fadesse. Einen Fado könnte ich singen. Ich greife nach dem letzten Matjesbrötchen mit Zwiebeln, wenn schon sonst niemand scharf ist. Woher die blöde Redensart »scharf wie Nachbars Lumpi« kommt, weiß ich auch nicht, weil der Hund vom Nachbarn heißt Benno, ist übergewichtig und schläft den ganzen Tag. »Auf den Hund gekommen«, das leuchtet mir ein, wenn ich Edgars tiefen Atemzügen lausche, aber ich lausche ja gar nicht. Sein Atem verschafft sich mein Gehör, ob ich will oder nicht. Dass man die Ohren nicht zumachen kann wie die Augen, ist total unpraktisch. Jetzt kommt auch noch die Schöpfung von Haydn aus dem Äther. Was hat sich der Programmchef dabei gedacht? Ich muss meine Ö1-Mitgliedschaft ernstlich überdenken. Ich schalte das Radio aus, davon wird Edgar wach und murrt etwas von Schweinsohren, schaltet wieder ein, doch ich fühle mich plötzlich zu matt, um zu protestieren, einfach erschöpft, fix und fertig.

Fad im Fasching

* Jambalaya, New Orleans

Zutaten für 4 Portionen:

250 g Reis
1 l Hühnersuppe
250 g Hühnerbrust
100 g Räucherwurst
150 g Shrimps
2 Zwiebeln
1 Paprika, grün
3 Knoblauchzehen
½ Stauden- oder Stangensellerie
ca. 3 EL Öl
100 g Butter
60 g Mehl
2 Tomaten
Tabascosauce
Pfeffer, Salz, Chilipulver

Zubereitung:

Zwiebeln, Knoblauch, Paprika würfelig schneiden und in ÖL anschwitzen.

Eine Einbrenn aus 100 g Butter, 60 g Mehl mit Hühnersuppe aufgießen, mit den angeschwitzten Zwiebeln und Paprika vermischen.

Hühnerbrust in Würfel schneiden, in einer Pfanne mit erhitztem Öl anbraten und dem Suppen-Zwiebel-Paprika-Gemisch beimengen, ebenso die würfelig geschnittene Stangensellerie, die Räucherwurstscheiben von 1 cm Stärke, die Shrimps und den Reis. Mit Pfeffer, Salz, Chilipulver würzen, umrühren, aufkochen lassen und ca. 15 Minuten auf kleiner Stufe leicht köcheln lassen. Tomaten achteln, beigeben und alles vorsichtig miteinander vermischen und zugedeckt noch 15 Minuten ziehen lassen. Nach Geschmack mit Tabascosauce würzen.

Edgar ist ein gutes Stück vor mir beim Nordic Walking im Lainzer Tiergarten, er ist einfach schneller. Ich führe das auf seine längeren Beine zurück, mit denen er eine größere Schrittweite erzielen kann. Lassen Sie doch einmal eine Gazelle und einen Dackel nebeneinander losstarten …

Eigentlich wäre mir mehr nach wife carrying zumute, eine von Engländern erfundene Sportart, bei der die Männer mit ihren Frauen am Buckel um die Wette laufen, wie gestern im TV zu sehen war.

Sonne und Windstille sollten meine Seele beflügeln, aber sie bleibt an der Schwelle zwischen Winter und Vorfrühling kleben. Kahl die Bäume, die wie überdimensionale, dürre Reisigbesen auf ihren Stielen in den Himmel ragen.

Nicht einmal die Primeln können meine Tristesse verwandeln. Auch die wild grunzenden Keiler jagen mir keine prickelnden Schauer über den Rücken. Wenn es doch wenigsten schon nach Bärlauch stinken würde.

»Wenn ist würdelos«, ermahnt mich mein Überich mit der Stimme meiner Volksschullehrerin. Ich nicke folgsam.

»Wenn es doch wenigstens schon nach Bärlauch stänke!«, rufe ich Edgar nach.

Er dreht sich nach mir um und lässt sich dann auf einer der Bänke nieder. Na, wenigstens wartet er auf mich.

Daheim schiebt Edgar eine Pizza Spinaci ins Backrohr. Ihre Farben und ihr Duft stimmen mich nun etwas heiterer. Die Steinofenpizzen werden in Tirol nach bewährter Backtradition gefertigt, steht auf der Verpackung. Der klassische Hefeteig wird in kleine Ballen geformt, per Hand fertig ausgezogen und direkt auf heißem Stein gebacken. Jetzt wird es richtig gemütlich in Edgars Puppenküche. Er stellt eine Flasche Rotwein auf den Tisch, der eigentlich ein Brett vor dem Fenster in den Vorgarten ist. Dahinter sitzen wir auf unseren Barhockern.

Toro Loco Reserva steht auf dem Flaschenetikett. Der golden stilisierte Stierkopf darüber endet im Nacken in dem Metallgewinde eines Korkenziehers. Der Stiernacken als Metallgewinde. Sofort denke ich an Picadores, die dem Stier ihre Lanzen ins Fleisch stoßen. Angewidert drehe ich die Flasche und studiere die Rückseite des Etiketts: Reserva bedeutet 12 Monate in Eichenfässern gelagert. Diese Vorstellung beruhigt mich. Ein atemberaubender Duft mit einer attraktiven Note, lese ich weiter: Pflaume, dunkle Kirsche, mit einem Hauch Vanille.

Tatsächlich schmeckt dieser Wein etwas nach Kompottsaft, über den nur die 13 % Alkohol hinwegtrösten.

Draußen geht Frau Beer mit fröhlichem Gesicht vorbei. Als ihr Mann noch lebte, hat er sie auf Händen getragen, wie das Edgar immer formulierte.

Wenn ihr Vorgarten und der Gehweg mit einer Schneedecke überzogen waren, hat Herr Beer sie immer frei geschaufelt, damit ihre zarten Füßchen (so Edgar) nicht nass würden.

Edgar hingegen läuft immer barfuß im Schnee in den Garten und dann dreimal ums Haus herum. Seinen Verführungen dazu bin ich nie erlegen, denn ich neige zu Blasenkatarrh. Mit dem Schneeschaufeln hat er es gar nicht. Da kehrt er gern den trotzigen Rebellen heraus, wenn ringsherum in der Siedlung wie wild geschaufelt und geschabt wird. Irgendein Ventil scheint selbst der ordentlichste Mensch zu brauchen.

Doch schneeweiß will ich jetzt bald nur die Kirschblüten in Nachbars Garten sehen. Und die rosa Knospen an Edgars Apfelbaum.

Die Meteorologin jedoch verkündet aus dem Radio einen Rückfall. Macht nichts, spreche ich mir Mut zu, wir werden den Winter austreiben. Ich bitte Edgar, schaurige Masken für einen Perchtenlauf für uns zu schnitzen. Vielleicht können wir ein paar unserer Nachbarn dafür gewinnen. Ich, die ich handwerklich nicht so geschickt bin, werde einstweilen Sprüche verfassen. Ich greife nach dem Bleistiftstummel und schreibe auf die Rückseite eines Kassenzettels: »Verstumme, du Stummel, sonst wirst du verstümmelt.« Ich beschimpfe den rauen Gesellen als Lümmel und Kümmeltürk, was ich aber sofort wieder durchstreiche, weil es politisch nicht korrekt ist. »Kotzbrocken, Eisklotz, Rotz sollst du kotzen, verkümmern statt strotzen, in die Grube glotzen.«

Das muss der Wein sein. Die zwölf Monate im Eichenfass haben ihm und vor allem mir nicht gutgetan. Oder habe ich noch zu wenig getrunken? Die genialsten Dichter waren ja meist die größten Säufer. Ich zerknülle den vollgekritzelten Zettel in meiner Hand.

Ein Schrei, ein Fluch und schon steht Edgar mit dem Schnitzmesser und blutendem Daumen in der Küche. Ich laufe ins Badezimmer zum Verbandszeug.

Werden wir wohl auf ein Azorenhoch warten müssen.

Zwischenzeit

»Wagalaweia, wagalaweia.«

Was haben die Rheintöchter in Edgars kleiner Küche verloren, wo mich die Töne mit Wucht treffen, statt an den Gestaden des Stromes gnädig zu verebben?

Ich starre böse auf Radio und Edgar, der nicht nur dauernd Opern hört, sondern sie auch auswendig kann und das durch Singen derselben unter Beweis stellt.

Nun muss ich sagen, dass Edgar alles kann außer Singen – zu seinem, aber auch zu seiner Mitwelt großem Bedauern.

Nichts wäre er, der Bäume fällt, Holzböden verlegt, Badezimmer verfliest, Tischtücher und Vorhänge näht, Bilder malt, Theater spielt, sich mit Quantenphysik und Chaostheorie auseinandersetzt, lieber geworden als Opernsänger. Die holden Töne in seinem Kopf entringen sich jedoch nur als Krächzen in falscher Stimmlage seiner Brust.

Aber so ist der Mensch. Stets begehrt er am meisten, was ihm verwehrt bleibt.

Weilgunde, Woglinde und Floßhilde hingegen schmettern aus vollem Busen aus dem Radio:

»Weia! Waga! Woge, du Welle, walle zur Wiege … Des Goldes Schlaf hütet ihr schlecht.«

»Mir ist auch schon ganz schlecht«, sage ich zu Edgar, »kann ich das Radio ausmachen?«

»Rheingold, Rheingold, leuchtende Lust, glühender Glanz …«, und Schluss. Ich weiß, was jetzt kommt.

»Du mit deinen Schweinsohren.«

Bingo. Das ist so mit verlässlichen Stehsätzen in langjährigen Partnerschaften.

Im Vorhersehbaren ist man gut aufgehoben, es ist so vertraut.

»Im nächsten Leben werde ich als gefeierter Tenor in den großen Opernhäusern der Welt singen.«

Auch diesen Wunsch äußert Edgar nicht zum ersten Mal. Zärtlichkeit für ihn überkommt mich, wenn ich diesen kindlich-freudigen Ausdruck in seinem Gesicht sehe, der diesen Satz begleitet. Doch er scheint sein künftiges Glück nicht mit mir teilen zu wollen:

»Und du wirst als Opernfanatikerin wiedergeboren und mein größter Fan sein. Kaum eine Vorstellung mit mir wirst du auslassen und mir überallhin nachreisen, selbst nach Manaus: Dein gesamtes Geld wird dafür draufgehen. Du wirst dir nur noch Stehplatz leisten können und dich stundenlang dafür anstellen. Deine Füße werden dir furchtbar wehtun.«

Halt! Diese Reinkarnation werde ich zu durchkreuzen wissen.

»In meinem nächsten Leben«, hebe ich an, »bin ich eine ganz berühmte Autorin, ständig auf allen Shortlists zu finden, mit Literaturpreisen überhäuft. Einen Bestseller nach dem anderen werde ich schreiben, dicke, spannende, sprachlich ausgefeilte Romane und du wirst mein begierigster Leser sein. Ständig in mein Werk vertieft, wirst du die Welt um dich vergessen. Erst wirst du deine E-Mails nur mehr unregelmäßig, bald gar nicht mehr checken, dann den PC nicht einmal mehr booten. Auch ans Telefon wirst du nicht mehr gehen, höchstens um den Pizzadienst anzurufen. Dein Haus verlässt du nur mehr, um zu meinen Lesungen zu kommen. Apropos Haus: Eine dicke Staubschicht wird Böden und Möbel überziehen, eine herausgefallene Fliese im Badezimmer nicht mehr ersetzt werden. Dein Schmutzwäscheberg wird sich bis zur letzten Unterhose türmen. Und erst draußen: Der Verputz bröckelt von der Fassade, die Balken der Pergola auf der Terrasse morschen, bis sie zusammenkracht und der Garten wächst sich zu einem undurchdringlichen Dickicht aus. Wenn du dem Pizzaboten öffnest, musst du dich von der Haus- zur Gartentür mit der Machete durchkämpfen.

Der Lieferant hält den Atem an, weil du dir immer seltener die Zähne putzt.«

Edgar schaut erschrocken. Ich lache und küsse ihn auf den Mund.

»Wie gut, dass es keine Wiedergeburt gibt«, sage ich.

Edgar nickt, aber ganz überzeugt sieht er nicht aus. Meine Beschwichtigung klang zu halbherzig.

»Man kann ja nie wissen«, wird er gleich Schwitters' Grabsteininschrift zitieren.

»Man kann ja nie wissen.« Edgar seufzt.

Etwas schlägt hart auf den Badezimmerboden auf. Wir sehen nach. Eine Wandfliese ist herausgefallen. Stumm wechseln wir Blicke. Ich greife nach seiner Hand.

Reinkarnation

STUNDENGLAS

Kleiner Vogel, so allein? Wo sind denn die anderen, hat dich dein Vogelschwarm verlassen oder bist du weggeflogen?

Da sitzt du nun auf dem Wipfel des Baumes und blickst in die Ferne mit deinen schwarzen Vogelaugen. Hast du heute schon gegessen? Ist wohl eine schwere Zeit für dich. Zu Eise erstarrt sind Strom und Bäche. Tiefkühlkost.

Erinnerst du dich noch an den schwalbenschrillen Augusthimmel und das frische Gewürm im warmen Erdreich, die köstlichen Käfer am grünen Blattwerk?

Jetzt heißt es warten, aber nicht mehr allzu lang. Denn zartblau schimmert der Schnee und cremig ist die Luft geschlagen. Die Farbe von Milch, in die ein Tropfen Honig floss. Das ist der Februar, fast schon das Ende des Winters.

Kein schöner Monat, ich weiß. Keine dicken Schneehauben mehr auf Dächern und Zäunen. Die Kufen der Schlittschuhläufer sind stumpf geworden, die Schneemänner schmutzig, die Eiszapfen trübe. Trüb auch dein Sinn, mein kleiner Vogel, auf deinem Wipfel.

Was tun, wenn man den höchsten Punkt erreicht hat? Das ist die Frage. Von nun an geht's bergab? Aber nein, kleiner Vogel, du hast es gut. Ein, zwei Flügelschläge und du hebst ab, ziehst deine Kreise, immer höher. Der Himmel steht dir offen.

Wir aber sinken in die Erde.

Warum bist du so traurig? Darf ich dich anfassen? In meine Hand nehmen und dich an meinem Herzen wärmen? Unter meinem Kaschmirpullover dein kleines Vogelherz spüren. Wir zwei, ein Pulsschlag. Für einen Augenblick.

Die Amsel

Heidelbeeren sind Fruchtfleisch gewordene Hochsommertage in schwedischen Wäldern mit Pilzen und einem See, von den Kindern aus Bullerbü gesammelt und in den Mund gestopft. Glückliche Kinder mit blauen Zungen und schmutzigen Füßen vom Barfußlaufen.

Auch ich war einst ein Kind in Bullerbü, hatte eine Tante namens Astrid Lindgren, entzifferte mit Meisterdetektiv Kalle Blomquist Geheimschriften, und wenn ich nachts nicht schlafen konnte, leistete mir Karlsson vom Dach Gesellschaft. Ich wollte so stark und mutig werden wie Pippi Langstrumpf oder wenigstens genauso schlimm.

Heidelbeeren sind so blau wie das Lächeln einer Sommernacht, weil die Trolle sie mit ihrer Tinte einfärben.

Ich denke an den Tag, den ich auf der Veranda des Holzhauses am See mit dir verbrachte. Lupinen am Gartenzaun, Glockenblumen in der Wiese, Farne am Waldrand. Ich saß im Schaukelstuhl, du zogst mich aus und lecktest mich mit deiner Zunge ab, blau von Heidelbeeren. Wir fassten uns an den Händen, rannten in den See. Danach erfrischt zu neuen Liebestaten. Und als es dunkel wurde nach Mitternacht, da sahen wir den Glühwürmchen zu, zählten die Sternschnuppen und wünschten uns immer das Gleiche, denn alle Lust will Ewigkeit.

Das Holzhaus ist morsch geworden, der See ausgetrocknet, statt Lupinen und Glockenblumen wuchern Brennnesseln. Ich laufe nicht mehr barfuß und du bist mir abhandengekommen.

Geblieben ist mir die Erinnerung an den Duft des Heidelbeerkuchens*, den meine Mutter oft am Sonntag buk. Der silberne Klang des Schneebesens, wenn sie das Eiklar schlug und die Heidelbeeren auf der Kuchenmasse mit dem Schnee überzog. Weiße Wächten, die sich türmten und im Ofen braune Kämme bekamen.

Wie ungeduldig und sehnsüchtig ich wartete, bis der Kuchen ausgekühlt war. Das erste Stück war immer noch warm.

Früher schmeckten die Heidelbeeren nach langen Tagen, Verheißung und Abenteuern und jeder Menge Leben. Heute haben sie ein Aroma von Vergangenheit.

Heidelbeeren

* Heidelbeerkuchen

Zutaten für 12 Portionen:

Teig:
150 g Butter
50 g Zucker
1 Päckchen Vanillezucker
1 Prise Salz
½ Zitrone (Saft)
4 Eier
300 g Weizenmehl
3 TL Backpulver
3–4 EL Milch

250 g Heidelbeeren
Eiklar von 4 Eiern (zu Schnee geschlagen)

Zubereitung:
Butter, Zucker, Vanillezucker, Salz und Zitronensaft gut verrühren. Die Eier zugeben und unterrühren. Nach und nach das mit Backpulver vermischte Mehl und die Milch zugeben. Alles gut verrühren.

Die Masse auf ein mit Backpapier ausgelegtes Backblech streichen. Die Heidelbeeren waschen und in einem Sieb gut abtropfen lassen. Den Teig mit den Heidelbeeren belegen und bei 180–190 Grad im vorgeheizten Ofen 30–35 Minuten backen. Zum Schluss das geschlagene Eiklar auf den Kuchen streichen und im Rohr fest werden lassen. Achtung, das geht sehr schnell! Der Schnee soll keinesfalls braun werden.

Die geräumige Altbauwohnung meiner Großmutter mit den Parkettböden und den Kachelöfen / den Duft von Kaffeebohnen, die meine Großmutter noch mit der Handmühle mahlte / die kleinen Plastiktiere im *Tietze*-Feigenkaffee / die »Hausmusik« in unserer kleinen Gemeindewohnung, mein Vater spielte Gitarre und meine Mutter und wir Kinder sangen / das Klavierspiel meiner Mutter / die Fackelzüge und die Maiaufmärsche / die sonntäglichen Familienausflüge auf den Satzberg / wie ich auf dem *Himmelhof* Schifahren lernte / wenn meine Mutter mir zärtlich das Haar hinter die Ohren strich, wieder und wieder / den saftigen Geschmack des Mohnstrudels*, den meine Mutter zu Weihnachten und zu Ostern buk / das Taschengeld von meiner Großmutter / die Federballmatches auf der Wiese beim Gressenbauer in der Sommerfrische / die Freude, dort meinen Schwarm vom vergangenen Jahr wiederzusehen / das Gekuder und die durchtratschten Nächte mit Freundinnen / die begehrlichen Blicke der Männer / das Glücksgefühl, als das Telefon läutete und Robert dran war / unser erstes Rendezvous im Volksgarten-Pavillion, als wir zu Percy Sledges »When a Man Loves a Woman« tanzten / die dicken Schneeflocken, als er mich in jener Nacht nach Hause begleitet hat / die alte Villa in dem mediterranen Garten in Mali Lošinj, wo wir unseren ersten gemeinsamen Urlaub mit *Sozialtouristik* verbrachten / die Farbe der Lavendelfelder auf der Insel Hvar / den Duft der Pinien, unter denen unser Zelt stand / die ausgelassenen Partys / den Doppler Wein, den wir in so mancher Sommernacht auf unserem Balkon leerten / die hitzigen Diskussionen über Marx und die Welt / meine Sponsionsfeier, ich hatte als einzige ein rotes Kleid an / die Promotion, diesmal trug ich ein weißes Kleid / den Strauß mit den 40 roten Rosen zum Geburtstag / Edgars verliebtes Lächeln, als er unter dem Bogen aus weißen Rosen in seinem Vorgarten stand und mir nachblickte / sein Anruf im Seminarhotel am Morgen, an dem er mir ein Lied von Schubert vorgesungen hat / wie er meine Zehen abgeleckt hat / die Unterzeichnung des Verlagsvertrages zu meinem ersten Roman / die bunten Stoffe am Markt von Chichicastenango / die Palmen am Nilufer und die Menschen in ihren Galabeas / den Geruch der Gewürze im Souk von Luxor / der erste Blick vom Rim auf den Grand Canyon im weichen Abendlicht / die Verzauberung im Petrified Forest / der Wüstengarten meiner Schwester in Arizona / die wolligen Lamas auf dem Patapampa Pass in den Anden / den Flug der Condore über der Colca-Schlucht / die kleinen Humboldt-Pinguine auf den Ballestas Inseln / die Ruhe, die mich überkam, wenn sich die Straße auf der Neustadtler Platte zu unserem Bauernhaus hinaufschlängelte / sein Anblick, wenn es nach einem Fußmarsch durch den Wald unvermittelt auf der Lichtung auftauchte / der Duft des Grases, wenn ich am Steilhang mit der Sense mähte / das Glitzern des Schnees in einer Mondnacht.

Woran ich mich gerne erinnere

* Mohnstrudel aus Germteig

Zutaten:

Für den Germteig:

250 g Mehl
½ Päckchen Germ (ca. 20 g)
130 ml Milch
3 EL Zucker
2 EL Butter (zerlassen)
1 Ei
1 Prise Salz
Ei (zum Bestreichen)
Butter (für die Form)

Für die Mohnfülle:

150 g Mohn (gemahlen)
3–4 EL Zucker
130 ml Milch
1 Päckchen Vanillezucker
3–4 EL Rosinen (in Rum eingeweicht)

Zubereitung:
Für den Mohnstrudel etwas Milch lau erwärmen, Germ darin mit einer Prise Zucker auflösen, mit wenig Mehl bestreuen und zu einem Dampfl gehen lassen. Dann das Dampfl mit den restlichen Zutaten zu einem geschmeidigen Teig verarbeiten. Zu einer Kugel formen und abgedeckt an einem warmen Ort aufgehen lassen.

Inzwischen für die Mohnfülle die Milch bei milder Hitze langsam aufkochen. Vanillezucker, Zucker sowie Mohn einrühren. Durchrühren und kurz quellen lassen, dabei wiederholt umrühren. Vom Herd nehmen und die eingeweichten Rosinen untermengen. Zu einer geschmeidigen Masse verrühren und dafür bei Bedarf noch etwas Milch zugeben.

Teig zu einem Rechteck ausrollen, die Fülle auf etwa der Hälfte auftragen und den Teig einrollen. Enden gut verschließen. In eine gefettete Backform (oder auf ein mit Backpapier belegtes Backblech) setzen und nochmals aufgehen lassen. Mit verquirltem Ei bestreichen und den Mohnstrudel im vorgeheizten Backrohr bei ca. 180 Grad 40–50 Minuten backen.

Als Bewohnerin des Mexikoplatzes kann ich den Neubauten beim Wachsen zusehen. Mein schäbiges Grätzel verwandelt sich in ein Quartier. In der alten Straßenbahnremise hausen jetzt Billa und Hofer und auf dem Gelände des einstigen Nordwestbahnhofes wohnt man nun in der Bike City oder an der Park Lane. Am anderen Donauufer türmen sich Wolkenkratzer.

Unangefochten von Stadtentwicklung und Modernisierungsschüben bleibt das *Donaubeisl*, ein Eckpfeiler des Beharrungsvermögens, ein gallisches Dorf im Imperium Immobiliensis.

Es war schon da, als ich Einzug hielt in dieses äußerste Randgebiet der Mazzesinsel und es wird noch sein, wenn ich nicht mehr bin, denn die Zeit scheint an ihm abzuprallen: Es ist und bleibt ein Tschocherl, auch wenn der letzte Wiener, der dieses Wort noch kannte, entgegen den Prophezeiungen einer österreichischen Fernsehserie aus den siebziger Jahren, untergegangen sein wird.

Ein abgezäunter Schanigarten, von mannshohen Hartlaubgewächsen umstellt, bestehend aus ein paar Tischen und Sesseln, die Tür in den kleinen Gastraum mit der Schank bei freundlichem Wetter geöffnet, eine schwarze Tafel, auf der mit Kreide die Speisen angeschrieben sind: Frittatensuppe, Gulasch*, Geselchtes mit Kraut und Knödeln, geröstete Leber, Wiener Schnitzel, Palatschinken …

Unter den Getränken sind Bier, Spritzer und Wein angeführt. Im Herbst Sturm, im Winter Glühwein. Nach Einbruch der Dunkelheit zieren im Sommer bunte Glühbirnen den Schanigarten, im Winter elektrische Kerzen. Aber noch nie haben ein Weihnachtsmann oder ein Elch versucht, die Fassade zu erklimmen.

Erst einmal in all den Jahren stand auf der Tafel: »Wir sind vom 6. bis 20. Jänner auf den Malediven auf Urlaub.« Mir kam dieser unverhohlene Stolz der Ortsangabe nicht protzig vor, sondern wohlverdient. Ich freute mich für die Wirtsleute, die im Liegestuhl ihre müden Beine ausstrecken konnten, Cocktails serviert bekamen und aufs tiefblaue Meer schauten.

Zu allen Tages-, Nacht- und Jahreszeiten ist das *Donaubeisl* gut frequentiert.

Immer wenn ich, für gewöhnlich eiligen Schrittes, vorbeihaste, frage ich mich, was falsch läuft in meinem Leben. Hier sitzen die Leute entspannt bei einem Bier oder Glas Wein, plaudern, lachen oder schauen einfach in die Luft, und wenn ich ein paar Stunden später zurückkomme, sitzen die immer noch da. Nicht etwa betrunken, sondern ruhig und friedlich. Noch nie habe ich einen hier grölen gehört, geschweige denn speiben gesehen.

Warum sitze ich nicht hier? Bei den Preisen könnte man mit bescheidenem Einkommen hier sein Leben verbringen. Man würde nicht urlaubsreif und müsste nicht chillen. Man müsste sich nicht stylen. Die Leute sind unauffällig gekleidet.

Was hingegen auffällt: Hier düdelt kein Handy und niemand tippselt oder wischt darauf herum, obwohl ich hier kein Verbotszeichen ausmachen kann. Auch werden Lokal und Gasse nicht mit Musik beschallt. Und ich habe hier nie jemanden mit einem Laptop oder gar Tablet gesehen, obwohl das *Donaubeisl* kein Seniorentreff zu sein scheint, wenn auch kein Jugendzentrum.

Jetzt weiß ich es: Es befindet sich in einem Zeitloch. Aber gibt es Zeitlöcher überhaupt?

Bei Google scheinen sie nur in Science-Fiction-Filmen und -Büchern auf. Und ich habe ein real existierendes entdeckt. Sozusagen vor meiner Haustür. Ich muss das Institut für Quantenphysik informieren. Andererseits, wenn die Experten in dem Zeitloch buddeln, ist es vielleicht gefährdet. Die machen sicher einen Zeitplan für ihr Forschungsprojekt und stopfen es damit voll.

Ich betrachte wieder die Gäste des Donaubeisls. Also, ich kann jetzt nicht schwören, dass es jeden Tag dieselben sind, ich muss das erst exakt beobachten, aber dass sie von früh bis abends hier sitzen, ist mir schon aufgefallen. Und wie konnten die Wirtsleute dem Zeitloch für zwei Wochen auf die Malediven entkommen? Ist nicht einmal im Zeitloch immer im Zeitloch? Mir schwirrt der Kopf. Warum habe ich so wenig Ahnung von Physik? Ich sollte mich zunächst einmal beruhigen und mich auf ein Bier ins *Donaubeisl* setzen. Vorher rufe ich aber zur Sicherheit Edgar an, damit er weiß, wo er mich findet, falls er mich sucht.

Der Teilnehmer ist zurzeit nicht erreichbar, aber ich kann eine Nachricht auf der Sprachbox hinterlassen.

»Edgar, ich gehe jetzt ins *Donaubeisl,* du weißt schon, das bei mir an der Ecke, aber es ist wahrscheinlich ein Zeitloch und ich weiß nicht, ob ich da jemals wieder herauskomme. Falls nicht – es war eine schöne Zeit mit dir. Du könntest natürlich auch nachkommen, aber ich kann das nicht von dir verlangen. Bussi, bis bald oder irgendwann.«

Donaubeisl

* Rindsgulasch (Wiener Saftgulasch)

Zutaten für 4 Portionen:

900 g Rindswadschinken, pariert (geputzt)
900 g Zwiebeln
1 dl Öl
1 EL Tomatenmark
½ l Wasser
3–4 EL Paprikapulver, edelsüß
2 Knoblauchzehen, zerdrückt
Salz
1 TL Kümmelpulver
Majoran, gerebelt
Essig (möglichst Hesperiden-Essig)

Zubereitung:

Zwiebeln fein schneiden, in heißem Öl braun rösten, Paprikapulver untermengen, kurz durchrühren, mit einem Spritzer Essig und etwas Wasser ablöschen. Etwa ½ l Wasser beigeben und Zwiebeln weich dünsten. Fleisch in dicke Würfel schneiden. Zwiebeln in passendem Topf gemeinsam mit Fleischstücken, Tomatenmark, Knoblauch und anderen Gewürzen zugedeckt am Herd schwach wallend ca. 2–3 Stunden dünsten. Die Flüssigkeit bei Bedarf mit Wasser korrigieren. Das Fleisch soll kernig weich sein, da es im heißen Saft noch nachgart. Das Wiener Saftgulasch sollte am Schluss etwas rotes Fett, den sogenannten Spiegel, an der Oberfläche aufweisen.

Als Beilage empfehlen sich Salzerdäpfel, Semmel- oder Serviettenknödel.

Die Spaziergänger hinter mir beschweren sich über meinen Gang, der nicht geradlinig ist. Ich gehe im Zickzack. Sie vergleichen mich mit einer alten Pendeluhr – wohl ein poetischer Hinweis auf meine Unregelmäßigkeit –, dabei will ich doch nur den matschigen Stellen ausweichen. Sie prophezeien mir, dass ich hinfallen werde.

Die Rede ist also von meiner Hinfälligkeit. Ich tue mir den Gefallen und lasse ihnen den Vortritt, halte Abstand.

Der geradeste Weg ist nicht immer der beste. Beim Schuheputzen werden sie das merken.

Pendeluhren sind zwar schön, erinnern mich aber an meine Vergänglichkeit. Im gleichmäßigen Sekundentakt verstreicht die Zeit. Wie viele Sekunden lebt ein Mensch im Durchschnitt? Das hängt natürlich vom Geschlecht, Wohlstand und dem medizinischen Fortschritt ab. Ich bin weiblich und lebe in relativem Wohlstand. Der Medizin misstraue ich. Die Ärzte treiben den Teufel mit dem Beelzebuben aus – hochtechnisierte Teufelsaustreibungen. Laut Statistik bleiben mir bei einer durchschnittlichen Lebenserwartung noch zwanzig Jahre. Ein Tag hat 24 Stunden, das sind 1440 Minuten, das sind 86.400 Sekunden. Ein Jahr hat 365 Tage, das sind 31.536.000 Sekunden. Mal zwanzig Jahren sind das 630.720.000 Sekunden oder Pendelschläge. Da sag noch mal einer, dass das Leben kurz ist. Ob Pendeluhren so alt werden?

Wird jemand singen wird »Ain't no sunshine when she's gone«? Die Wahrscheinlichkeit, dass es an diesem Tag regnen wird, ist 50:50.

Bemessungsgrundlage

»Putzi, das Teufelchen« von Annelies Umlauf-Lamatsch, mein Vorbild, das ich – weder putzig noch diabolisch – nie erreicht habe / mein Deutschschularbeitsheft aus der 7. Klasse Gymnasium / ein Vorbereitungsheft meiner Lehrerin-Mutter aus der Kriegszeit / viele, viele Briefe / Unmengen von Fotos in Schachteln und in Alben, die niemand mehr anschauen wird / den Frotteebademantel meines Vaters / das schwarze Spitzenkleid meiner Mutter / die Jugendstilmöbel und Perserteppiche meiner Großeltern / die Bibliothek meiner Eltern und Großeltern / die Bronzefiguren, die mein Großvater zu seinem Geburtstag von der Metallarbeiter-Gewerkschaft geschenkt bekam / die edelsteinbesetzte Kreuzspinne aus dem Familienschmuck.

Was ich aufbewahrt habe

Meine Affinität zu Zahlen ist nicht besonders ausgeprägt, mein Interesse gering. Aber neulich habe ich mich in einem Sportgeschäft bei dem Gedanken ertappt, wie viel Paar Schi ich in meinem Leben noch kaufen werde – bei einem Schnitt von zehn Schitagen im Jahr. Wird wohl von meinem Gesundheitszustand und meiner Sportlichkeit abhängen.

Eine neue Matratze habe ich erst im letzten Jahr angeschafft. Man sollte sie alle zehn bis zwölf Jahre austauschen. Also nur noch einmal ins Dänische Bettenlager!

Im Gegensatz zu mir braucht mein neues Auto noch keinen Service. Wie oft ich wohl noch ein Pickerl, pardon, eine Begutachtungsplakette, bekomme?

Mein 100 Jahre alter Perserteppich ist schon ziemlich abgetreten, teilt seine Schäbigkeit mit mir. Ich bin aber guten Mutes, dass er bis zu meinem Ende durchhalten wird.

Meine Gastherme wird noch vor mir den Geist aufgeben. Es ist aber tröstlich, dass ich dann nur noch eine neue brauche.

Ich könnte mir natürlich Fülle vormachen, indem ich die Nespressokapseln bei einem durchschnittlichen Konsum von einer pro Tag bis zur letzten konsumierten Tasse zu einem imaginären Berg auftürme.

Auch Klopapierrollen wären es nicht wenige, vor allem, wenn ich sie der Länge nach zu einem Weg ausbreitete, da müsste ich noch ziemlich viele Meter machen. Ein eher ermüdender Gedanke.

Ließe ich mir die Haare nie mehr schneiden – sie wachsen einen Zentimeter pro Monat –, würde ich am Ende ca. einen halben Meter Haare nachschleifen, die ich zu einem Turm hochschlänge. Dann wäre ich endlich so groß, wie ich immer sein wollte.

Es bestürzt mich nur ein wenig, dass ich so berechenbar geworden bin.

Berechnend war ich nie

Stein. Alt. Mittelalter. Efeuumranktes Gemäuer. Arkadenhof mit Bögen und Wehrgängen. Ein plätschernder Brunnen. Speere und Hirschgeweihe. Auch Schmiedeeisernes, zum Beispiel Laternen, Kanonen. Die Spatzen pfeifen unbeirrt. Ein alter Hund liegt müde auf feuchtem Rasen.

Wer rastet, rostet, steht unter der Turmuhr. Kratzt den Hund nicht. Er kann nicht lesen. Er kann nicht schreiben. Ich immer rastlos, angetrieben von Zeigern, auch unsichtbaren. Ich roste trotzdem. Kratze den Rost ab jeden Morgen.

Begehung der Burg. Gänge mit Zimmern, verwinkelt, verschachtelt, unüberschaubar. Hinter jeder Ecke eine neue Überraschung. 800 Jahre sind hier angesammelt.

Neue Zeit ist eingezogen. Zentralheizung, Warmwasserspeicher, Lichtspots, Sauna, Swimmingpool. Alles gut getarnt.

Ringsum wuchert Grün. Bäume wachsen in den Himmel. Barocke Steinfiguren, meist invalid. Hier fehlt ein Arm, dort ein Fuß, eine Nase, ein Ohr. Die Zeit zeigt Zähne. Auch mich beißt sie in den Nacken. Ich schüttle sie ab, straffe meinen Körper, sie lauert in dunklen Ecken und springt mich wieder an.

Schattiger Nymphenteich, verwunschen, verträumt. Ein Spiegel des Laubwerks. Auf einer Anhöhe eine Kapelle. Ein Tor, das ins Nichts führt. Hier endet die Vergangenheit, die Zukunft ist noch ungewiss, die Gegenwart flüchtig.

Bänke und Tische auf dem Rasen laden zum Verweilen ein. Wir können lesen. Wir können schreiben. Wir können nicht bleiben. Deshalb hinterlassen wir Spuren. Burgen mit Türmen und Zinnen, bevor wir in den Burggraben springen müssen.

Davor suchen wir Zuflucht innerhalb von Mauern, räkeln uns in der Sonne, pflegen unser Gärtchen und schmücken unseren Tisch mit Blumen.

Mauern verfallen, dunkle Wolken ziehen auf, Gärten verwildern, Blumen verwelken mit uns.

Um fünf Uhr früh werden die Turmfalken schreien, sagt die Burgfrau.

Der schwarze Ritter erscheint in meinem Traum im Römerzimmer. Er kommt mich wieder holen zu sich ins Verderben. Ich lasse mein

Nachthemd fallen, statt eine Rüstung anzulegen. Mein Knie ist gespalten, eine tiefe Wunde klafft. Die Zeit heilt alle Wunden, sagt man, aber meine ist wieder aufgebrochen.

Nur ein Traum, nur ein Traum. Die Turmfalken habe ich nicht gehört.

Steinerne Zeit

Die Späße meines Vaters / seinen stolzen Blick auf mich / seine Hilfe, wenn er meine Waschmaschine reparierte / meine Mutter beim Küchentisch sitzend, achtlos löffelnd und begierig ein Buch verschlingend / die rasche Bewegung ihrer Augäpfel dabei / ihre Veilchenaugen / ihre Klugheit / meine Unbeschwertheit, meine Leidenschaft / die Terrasse vor dem »Unterhöllhäusel« im Strudengau / den Blick vom Giebelzimmer auf die Hügelketten am anderen Donauufer / die Himbeeren im Garten und am Wegrand / die Schafe, die sich um meinen Vater drängten, wenn er ihnen Brot gab / Mutters Alpengarten / die schneereichen Winter auf dem Land / Minz und Maunz, die beiden Katzen / mein ausgelassenes, zähnebleckendes Lachen, das ich vermeide, weil es mich in meinem Alter unvorteilhaft erscheinen lässt.

Was ich vermisse

Nun tritt es ein, was mir immer prophezeit worden ist. Ich komme sogar zu meinem Begräbnis zu spät. Ich habe noch meine Blässe überschminkt und deshalb den Einundsiebziger zum Zentralfriedhof knapp verpasst. Ein Taxi kann ich mir nicht mehr leisten, ich habe mein letztes Geld ausgegeben. Ich bin also gerade noch rechtzeitig gestorben. Nur jetzt die Bestattung nicht versäumen, damit alles seine Richtigkeit hat.

Fünf Minuten liegen innerhalb der Toleranzgrenze, aber ich bin zwölf Minuten zu spät. Völlig verschwitzt erreiche ich die Feuerhalle. Gern würde ich einen Blick in das Kondolenzbuch werfen und mich umsehen, wer da um mich trauert, aber ich will die Geduld der Anwesenden nicht überstrapazieren und lege mich schnell in den Sarg.

Beim Impromptu Nr. 3 in Des-Dur von Schubert erfüllt mich Zufriedenheit, man hält sich an meine letzten zeremoniellen Wünsche. Die Reden höre ich leider nur bruchstückhaft durch den geschlossenen Sargdeckel, aber da man Toten nichts Schlechtes nachsagt, ist mit einem ehrlichen Feedback ohnehin nicht zu rechnen.

Eine große Mattigkeit überkommt mich, ich bin jetzt todmüde. Als der Sarg in den Boden versenkt wird, schlafe ich endgültig ein.

Begräbnis

Meine Schüchternheit als Kind / den Landregen in den Sommerfrischen / den feuchten Schlafsack im triefend nassen Zelt / die langweiligen Fahrten im Bummelzug von Wien-Hütteldorf nach St. Pölten zu meiner Großmutter und zurück / die endlosen Spaziergänge mit ihr, sie ging so langsam / Liebeskummer / die Mathematikschularbeiten / die Notendiktate meiner Musiklehrerin Frau Prof. Zipps / Bildnerische Erziehung, nur noch in »Handarbeiten« fühlte ich mich unfähiger / die Berge von Skripten während des Studiums / die Vorlesungen von Herrn Prof. Meidler / den Kater nach durchzechten Nächten / den 2 CV, der selten ansprang und oft abstarb / die fetten Spinnen im Bauernhaus.

Was ich nicht vermisse

Mein Bauernhaus ist verfallen. Es ist viel Gras darüber gewachsen. Im Haus wohnen die Mäuse und die Spinnen, die werden den Makler schrecken, falls er es entdeckt im hohen Gras.

Unter dem Dach wohnt die Äskulapnatter bei den Siebenschläfern. Die Siebenschläfer sind putzmunter und nerven die Äskulap mit ihrer Tollerei. Sie spielen schon wieder Fangerl.

»Ruhe!«, zischt die Schlange, »könnte ihr nicht einmal sieben Minuten schlafen? Ich fresse euch!«

Die Siebenschläfer kichern. Die Äskulap ist alt und hat keine Zähne mehr. Sie haben ihr falsches Gebiss im Gurkenglas versteckt.

Von außen wirkst du so verschlafen, trügerisches Bauernhaus.

Verfall und Getümmel

Danksagung

Ich danke Christine Hochgerner und Christine Reiterlechner für ihr hilfreiches Feedback, Silvia Waltl für ihre Anregungen, die ich gerne aufgegriffen habe, und meinem Verleger Roland Tauber für sein wie immer sorgfältiges Lektorat.

Peter Bisovsky verdanke ich die Rückenansicht für die Fotomontage auf dem Cover und das Porträtfoto Roman Picha.